D1690037

СЕМЬ ПОВАРЯТ

ЛУЧШИЕ РЕЦЕПТЫ

Все только начинается...

Издательство «Аркаим»

М[М]
МИЛЛИОН МЕНЮ®
для здоровья и долголетия

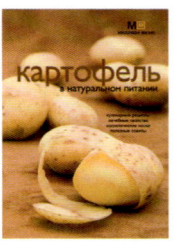

**МЫ РАДЫ ПРЕДСТАВИТЬ ВАМ
НОВУЮ СЕРИЮ О НАТУРАЛЬНОМ ПИТАНИИ**

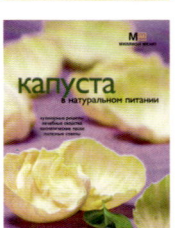

В каждой книге серии:

- информация о питательных и целебных свойствах натуральных продуктов

- история происхождения и появления продуктов на нашем столе

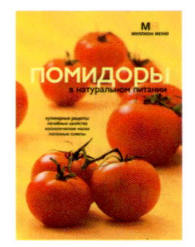

- рецепты полезных и вкусных блюд, которые вы без труда сможете приготовить для себя и своей семьи

- секреты использования продуктов в народной медицине

- способы приготовления эффективных косметических масок из натуральных продуктов

СОДЕРЖАНИЕ

Салаты и закуски

Бутерброд с копченой скумбрией	17
Хрустящие бутерброды с лисичками	18
Корзиночки с грибами	19
Сэндвич с рыбой	20
Полосатый бутерброд	21
Бутербродный торт с паштетом	22
Бутербродный торт с окороком	23
Канапе с бужениной и ветчиной	24
Канапе «Люсиль»	25
Горячая сельдь с гренками	26
Горячий бутерброд «Ассорти»	27
Башня из сэндвичей	28
Бутерброд-рулет с семгой	29
Салат «Деликатесный»	30
Салат пестрый с грибами	31
Салат из тыквы	32
Салат из тыквы с яблоками	33
Салат из редиса с огурцами	34
Пестрый весенний салат	35
Салат из маринованного перца	36

Калорийность 1 порции показана количеством значков:

закуски и супы

150 килокалорий
155–250 килокалорий
255–300 килокалорий

основные блюда

350 килокалорий
355–450 килокалорий
455–550 килокалорий

десерты

125 килокалорий
130–180 килокалорий
185–250 килокалорий

Салат из свеклы с орехами	37
Салат «Лето»	38
Салат из баклажанов с помидорами	39
Салат картофельный с орехами	40
Салат картофельный с сельдью	41
Салат «Пестрый»	42
Салат из картофеля	43
Салат из морской капусты	44
Салат из шампиньонов в вине	45
Салат с рыжиками и кальмарами	46
Салат грибной с мясом	47
Салат-коктейль с шампиньонами	48
Салат с подосиновиками и рисом	49
Салат рыбный с соусом	50
Салат с рыбой и крабами	51
Салат из морепродуктов	52
Салат с килькой	53
Салат из кальмаров	54
Салат из копченой рыбы с овощами	55
Салат «Аргентинское танго»	56
Салат рисовый с курицей	57
Салат с медальонами из ветчины	58
Салат грибной с печенью	59
Салат со свининой	60
Салат «Матадор»	61
Салат «Американка»	62
Салат по-мексикански	63
Салат «Гранатовый браслет»	64
Салат «Оригинальный»	65
Салат «Нежность»	66
Салат с сыром и орехами	67
Авокадо с пикантным сыром	68
«Плотики» из перца	69
Помидоры фаршированные	70
Огурцы с грибной начинкой	71
Рулетики из баклажанов	72
Пикантные огурчики	73
Рулетики из лосося с сыром	74
Рулетики из лосося	75
Шашлычки с копченой рыбой	76
Осетрина по-императорски	77
Мидии с майонезом	78
Тарталетки с креветочным салатом	79
Буженина с соусом	80
Рулет мясной с перцем	81
Двухцветное заливное с ветчиной	82
Рулет из курицы или индейки	
Завитки из ветчины с бананами	84
Рулетики с сыром	85
Медальончики из ветчины	86
Ветчина в сыре	87
Мясное суфле	88
Рулет из свинины со шпиком	89
Рулетики из окорока	90
Рулет деликатесный	91

Тарталетки с сыром и беконом	92
Булочки с колбасками	93
Заливное из курицы	94
Цыпленок в желе	95
Заливное с цыплятами	96
Желе с индейкой	97
Курица под майонезом	98
Персики фаршированные	99
Сыр из птицы	100
Ароматные куриные крылышки	101
Грибная полянка	102
Рулетики из салата с сыром	103
Запеченные оливки	104
Яичные рулеты	105
Печеный молодой картофель	106
Соленые картофельные палочки	107
Тефтели пикантные	108
Хрустящие мясные шарики	109
Яйца фаршированные	110
Помидоры с сыром	111
Закуски на шпажках	112

Супы

Щи ленивые	113
Борщ	114
Щи с рыбой	115
Щи кислые с грибами	116
Рассольник	117
Солянка	118
Суп «Минестра»	119
Суп картофельный с грибами	120
Суп с рыбными фрикадельками	121
Суп картофельный с кукурузой	122
Суп калорийный	123
Суп картофельный с лососем	124
Суп с болгарским перцем	125
Суп с зеленым горошком	126
Суп овощной с креветками	127
Рисовый суп с овощами	128
Суп-харчо из осетрины с орехами	129
Харчо из говядины	130
Бозбаш из баранины	131
Суп-лапша	132
Воспнапур	133
Суп-пюре из креветок	134
Суп-пюре из печени	135
Консоме по-германски	136
Бульон с рыбными галушками	137
Холодный суп из щавеля	138
Суп-пюре из цветной капусты	139
Суп гороховый с сосисками	140
Окрошка майская	141
Суп с клюквой	142
Суп из цитрусовых	143
Суп абрикосовый с яблоками	144

Основные блюда

Котлеты картофельные	145
Баклажаны соте	146
Шницель из печеного перца	147

Брюссельская капуста по-милански	148
Солянка овощная на сковороде	149
Кабачки-по румынски	150
Помидоры с рыбой	151
Картофель фаршированный	152
Фаршированный перец-рататуй	153
Картофель, запеченный с соусом	154
Картофельная запеканка по-монастырски	155
Картофель, фаршированный сельдью	156
Картофель, фаршированный мясом	157
Рис пестрый	158
Биточки из пшена и риса	159
Рис с белыми грибами	160
Сырное рагу с рисом	161
Каша рисовая с черносливом	162
Рисовая каша с орехами	163
Плов из кальмаров	164
Плов с курицей и свининой	165
Запеканка из макарон с грибами	166
Рыба на овощной подушке	167
Грибной омлет	168
Торт из блинчиков с грибами	169
Запеканка из творога, овощей и фруктов	170
Форшмак с сыром	171
Рыба, тушенная с овощами	172
Треска в вине и сметане	173
Треска с тертым картофелем	174
Кальмары фаршированные	175
Рыба, запеченная с беконом	176
Рыба с оливками	177
Кальмары по-дальневосточному	178
Осьминоги с лимоном	179
Креветки с травами и фарфалле	180
Раки, тушенные в вине	181
Лобстер «Термидор»	182
Тальятелле с соусом из лангустов	183
Лягушачьи бедрышки в соусе	184
Мясо с имбирем	185
Мужужа из свинины	186
Бухлама с баклажанами	187
Зразы с грибами	188
Эскалопы с грибами	189
Баранина под острым соусом	190
Ребрышки пикантные	191
Свинина под пикантным соусом	192
Свинина с соусом из авокадо	193
Шашлык из баранины с баклажанами	194
Баранья нога, фаршированная сулугуни	195
Телятина в вине	196

Свиные розеты с грибами	197
Телятина с рисом и бананами	198
Рулет мясной с рисом	199
Филе говядины в вине	200
Говядина по-бургундски	201
Жаркое из говядины	202
Жареное мясо барашка	203
Мясо по-испански	204
Баранина с фасолью	205
Свинина с соусом из смородины	206
Свинина с соусом из перца	207
Мясные острые оладьи	208
Гусиная печень по-венгерски	209
Язык под яблочным соусом	210
Печень в остром соусе	211
Запеканка с печенью и грибами	212
Соте из курицы с грибами	213
Курица со спаржей	214
Цыпленок по-охотничьи	215
Цыпленок по-мексикански	216
Рулеты в персиковом соусе	217
Рулетики из индейки с сыром	218
Филе утки с орехами	219
Окорочка куриные фаршированные	220
Фаршированное филе курицы	221
Окорочка фаршированные	222
Утка с черносливом и морковью	223
Цыпленок в тесте	224
Цыплята с маринадом	225
Блинчики с овощами	226
Блинчики с грибами	227
Трубочки с рыбным фаршем	228
Блинчики с мясом и креветками	229
Пицца с грибами	230
Заварные булочки с грибами	231
Пирог с грибами	232
Пицца с цветной капустой	233
Пирог с брокколи	234
Спанакопитта с брынзой	235
Пирожки с помидорами	236
Брики с мясом и сыром	237
Пицца с куриной печенью	238
Пирог с курицей	239
Пирожки с печенью	240

Десерты

Банановый салат	241
Салат из сухофруктов	242
Грушевый салат с кремом	243
Салат с абрикосами	244
Фруктовый салат в ананасе	245
Фруктово-овощной салат	246
Апельсины по-мароккански	247
Фруктовый салат со сливками	248
Сливы в вине	249

Манго с засахаренной цедрой	250
Абрикосы с молоком	251
Персики в ревеневом соусе	252
Конде с бананами	253
Персиковый десерт	254
Зимний десерт	255
Фрукты в шоколаде	256
Вишня в шоколаде	257
Кисель из абрикосов	258
Кисель шоколадный	259
Десерт из йогурта	260
Желе кофейно-молочное	261
Желе со сливами и мандаринами	262
Желе «Золотая осень»	263
Морковно-абрикосовое желе	264
Дыня в винном желе	265
Бланманже	266
Мусс малиновый	267
Мусс апельсиновый	268
Самбук фруктовый	269
Апельсиновый творог	270
Парфе ягодное	271
Корзиночки с мороженым	272
Десерт «Романтика»	273
Мороженое «Натали»	274
Мороженое «Наполеон»	275
Вашрэн	276
Шарлотка «Каприз»	277
Мороженое по-гречески	278
Мороженое с абрикосовым соусом	279
Рис изысканный	280
Груши «Ришелье»	281
Чернослив «Жемчужина»	282
Яблоки с орехами	283
Шоколадная шарлотка	284
Шоколадные бабочки	285
Запеченные ананасы	286
Груши с рисом	287
Персики с тоффи из миндаля	288
Бананы с меренгами	289
Блинчики с абрикосами	290
Шарлотка из блинчиков	291
Блинчики с фруктами и мороженым	292
Блинчики, тающие во рту	293
Болгарский пирог	294
Яблочный пирог	295
Пирог с вишней	296
Пряный пирог	297
Ореховый пирог	298
Пирог по-гречески	299
Печенье лимонное	300
Печенье рассыпчатое к кофе	301
Печенье с орехами	302
Печенье «Нежность»	303
Печенье кокосовое	304
Печенье медовое	305
Хворост с творогом	306
Хрустящее печенье с кунжутом	307
Шоколадные шарики	308
Шоколадно-банановый десерт	309
Профитроли с шоколадным кремом	310
Пирожное в шоколаде	311
Кекс кофейный	312
Кекс шоколадный	313
Торт «Трюфель»	314
Торт «Восторг»	315

ПРЕДИСЛОВИЕ

Готовить еду сегодня можно по-разному. Например, купить замороженные полуфабрикаты — и через 20 минут обед или ужин на столе. А можно еще проще — открыть банку с консервами или приготовить суп, лапшу, картофельное пюре, залив кипятком содержимое пакетика или баночки. Иногда это необходимо и оправданно. Но по-настоящему хорошую кухню из полиэтиленового мешочка или баночки не достанешь. Те блюда, которые на всю жизнь остаются в нашей памяти как непередаваемо вкусные, приготовлены с особым вдохновением. При этом человеку, который их готовил, не обязательно быть профессиональным поваром, достаточно иметь некоторые элементарные навыки, но главное — это желание приготовить нечто изысканное. Вкусно готовить совсем не сложно, особенно когда рядом такие замечательные помощники, как мы — *Семь поварят*.

На этот раз мы приготовили для вас особенный сюрприз: самые оригинальные и доступные, одним словом, лучшие рецепты серии собраны теперь в одной книге. Заглянув в нее, вы наверняка найдете для себя как раз то, что нужно вам именно сейчас. Из множества салатов и закусок, супов, горячих блюд и десертов легко выбрать рецепт по своему настроению и приготовить вкусный, а главное, необычный завтрак, обед или ужин. А если в доме торжество, то мы с радостью поможем вам накрыть праздничный стол. Каждый рецепт блюда в книге сопровождается иллюстрацией, поэтому оформить и подать приготовленное блюдо наилучшим образом также не составит особого труда.

Фантазируйте, творите, пробуйте, изумляйте и будьте уверены — *Семь поварят* всегда готовы прийти к вам на помощь.

РЫБА

По пищевым качествам рыба не уступает мясу, а по легкости усвоения даже превосходит его.

Обработка и разделка

Обработку рыбы начните с очистки от чешуи. Для этого положите рыбу на доску, предназначенную для сырых продуктов, и чистите ее в направлении от хвоста к голове, вначале бока, а затем — брюшко.

У очищенной рыбы ножницами срежьте плавники, затем удалите жабры, делая с двух сторон надрезы под жаберными крышками (см. фото 1). Тушку выпотрошите.

В зависимости от способа приготовления подготовленную рыбу нарезают порционными кусками — кругляшами (см. фото 2) или разделывают на филе (пластуют). Пластовать целесообразно рыбу массой более 1 кг.

Для пластования подготовленную тушку, начиная с головной или хвостовой части, разрежьте вдоль пополам, ведя нож параллельно позвоночнику и срезая с него мякоть. В результате такого пластования получают два филе: верхнее филе — с кожей и реберными костями и нижнее филе — с кожей, реберными и позвоночной костью (см. фото 3).

Чтобы получить филе с кожей без костей, сначала удалите позвоночную кость, затем реберные. Для этой цели филе уложите на доску кожей вверх и, начиная с головы или хвоста, срежьте мякоть с позвоночника. Затем уложите филе на доску кожей вниз и, начиная с наиболее толстой части мякоти спинки, срежьте реберные кости (см. фото 4).

Для получения чистого филе подготовленное филе без костей уложите на доску кожей вниз. Со стороны хвоста, отступив от его конца на 1 см, надрежьте мякоть, затем ведите нож вплотную к коже, срезая с нее мякоть (см. фото 5). Чтобы было удобнее разделывать рыбу на чистое филе, чешую в начале обработки не удаляйте.

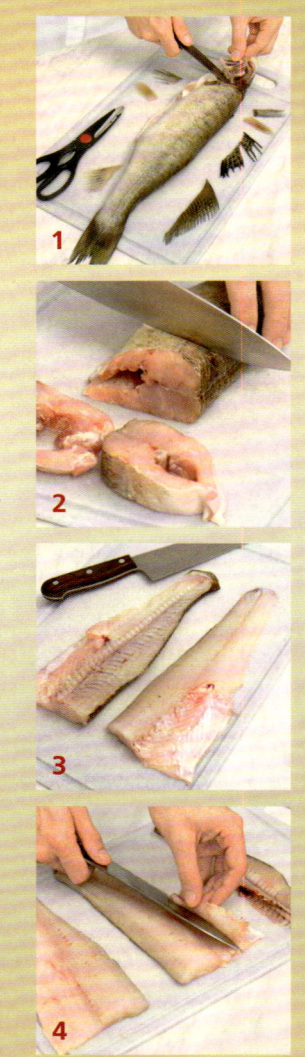

ПТИЦА

Мясо птицы высоко ценится за отличный вкус, мягкость и нежность. На качество мяса птицы влияет ее возраст. У старой птицы кожа грубая, желтоватого оттенка, ножки покрыты крупными чешуйками. Такую птицу лучше тушить или варить. У молодой птицы кожа белая, нежная, с хорошо заметными прожилками, ножки мягкие, светлые. Такую птицу можно использовать для жаренья.

Обработка и разделка

В настоящее время домашняя птица поступает в продажу в потрошеном виде, охлажденной или замороженной. Последнюю перед приготовлением необходимо разморозить. Подготовленную птицу тщательно промойте.

Для придания тушкам красивого внешнего вида, обеспечения более равномерного воздействия тепла при кулинарной обработке, их заправляют. Проще заправить тушку «в кармашек». Для этого надрежьте кожу на брюшке и вправьте ножки в полученные разрезы (см. фото 1). Данный способ применяется при заправке гусей, уток и кур, предназначенных для варки. У кур, кроме того, подвертывают к спинке крылышки.

Чтобы разрезать птицу на порционные куски, сначала разрубите тушку пополам вдоль позвоночника. У крупной птицы позвоночник вырубите полностью. Затем половинки тушек разрежьте по количеству порций (см. фото 2).

Часто для приготовления блюд используют филе птицы. Для того чтобы отделить филе от грудной кости, уложите тушку на спинку и сделайте разрезы в пашинках (см. фото 3). После чего срежьте сначала правое, а затем левое филе. Для зачистки филе сначала удалите кожу, отделите малое филе от большого (см. фото 4). Из малого филе удалите сухожилие, а из большого вырежьте косточку-вилку и снимите с его поверхности наружную пленку (см. фото 5).

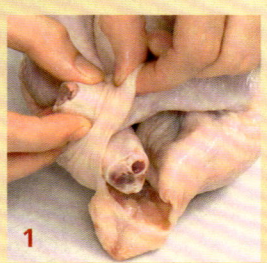

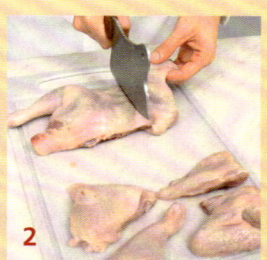

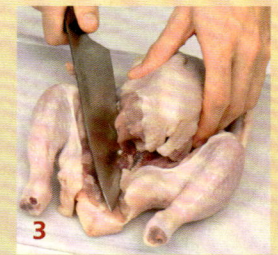

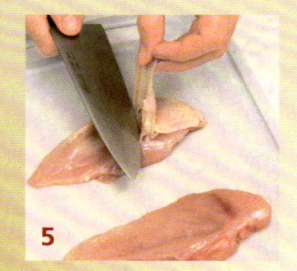

ПОМИДОРЫ

Известно, что помидоры обладают прекрасным вкусом. В свежем виде они применяются для приготовления салатов, винегретов, гарниров. Хороши жареные, запеченные и фаршированные помидоры.

Помидоры обладают весьма ценными пищевыми качествами, так как содержат сахар, белки, органические кислоты, витамины С, РР, группы В и провитамин А (каротин).

Различные сорта помидоров отличаются по форме, величине и окраске плода, состоянию его поверхности и количеству камер.

По форме плоды бывают плоские, круглые и вытянутые, по характеру поверхности — гладкие и ребристые, по величине — мелкие (до 60 г), средние (от 60 до 100 г) и крупные (свыше 100 г). Крупные и средние плоды используйте для салатов, супов и основных блюд, мелкие — для консервирования.

Наилучшими вкусовыми качествами обладают малокамерные плоды, так как их мякоть наименее волокниста. Обычно плоды с ребристой поверхностью содержат наибольшее количество камер и чаще других растрескиваются. В связи с этим лучшими как по вкусу, так и по лежкости можно считать помидоры, имеющие гладкую, неребристую поверхность (см. фото 1). Наиболее стойки в хранении средние по размеру помидоры. Зрелые помидоры при комнатной температуре могут храниться не более 2—3 дней.

Обработка и нарезка

Помидоры тщательно промойте и с помощью ножа для чистки овощей и фруктов удалите плодоножку.

Если используются помидоры без кожицы, то сначала большим ножом для измельчения и резки надрежьте верхушку (см. фото 2), затем ошпарьте помидор (см. фото 3), быстро охладите (см. фото 4) и снимите кожицу, используя нож для чистки овощей и фруктов (см. фото 5).

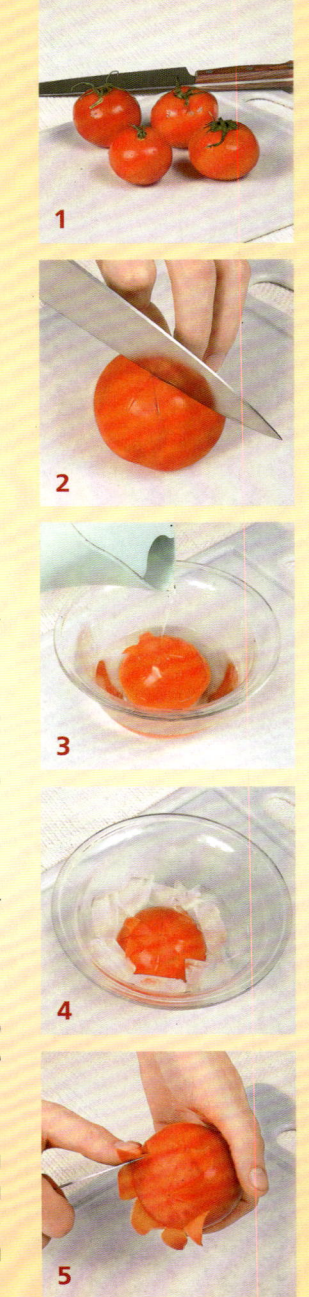

Для салатов, винегретов, гарниров и различных супов помидоры нарезают кружочками, ломтиками, кубиками и соломкой, используя для этого большой нож для измельчения и резки (см. фото 1).

Кружочки (см. фото 1). Помидор тщательно промойте, обсушите и нарежьте вдоль или поперек пластинками толщиной 1—2 мм.

Ломтики (см. фото 2). Помидор разрежьте сначала вдоль — пополам или на 4 части, а затем на ломтики толщиной 1—2 мм.

Кубики (см. фото 3). Нарежьте помидор ломтиками толщиной 0,5—2 см, а затем нашинкуйте сначала вдоль, затем поперек.

Соломка. Помидор разрежьте пополам и с помощью ложки удалите семена (см. фото 4). Оставшуюся мякоть тонко нашинкуйте соломкой (см. фото 5).

Дольки. Помидор промойте, обсушите, удалите плодоножку (см. фото 6) и разрежьте на 4—8 сегментов (см. фото 7).

Для фарширования возьмите спелые, плотные плоды, срежьте с них верхнюю часть, ложкой удалите семена (см. фото 4). Помидоры слегка отожмите, посолите внутри и наполните приготовленным фаршем.

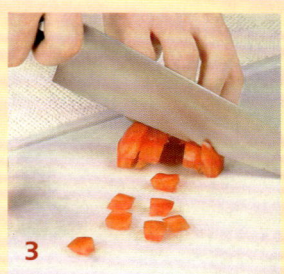

БАКЛАЖАН

Блестящий, темно-фиолетовый баклажан — обычный ингредиент многих популярных блюд. Самые вкусные — молодые крепкие баклажаны, диаметром 5–8 см, с глянцевой гладкой кожицей и свежим зеленым стеблем.

Обработка и нарезка

Перед приготовлением промытые баклажаны нарежьте, используя нож из нержавеющей стали (от лезвия из углеродистой стали баклажаны почернеют), затем обильно посолите. Оставьте баклажаны на 30 минут, чтобы выделился сок. Затем тщательно промойте, отожмите или обсушите кухонной бумагой и сразу же начинайте их готовить, иначе баклажаны изменят цвет.

Баклажаны нарезают кружочками, ломтиками, брусочками, кубиками и веером. Мелкие плоды можно нарезать дольками.

Кружочки (см. фото 1). Баклажан нарежьте поперек пластинками толщиной 1–2 мм.

Ломтики. Баклажан разрежьте сначала вдоль пополам или на четыре части, а затем поперек — на ломтики толщиной 1–2 мм.

Брусочки (см. фото 2). Баклажан разрежьте вдоль пополам, затем каждую половинку нарежьте вдоль пластинами толщиной 7–10 мм. Уложите пластины друг на друга и нарежьте поперек, отступая каждый раз на 7–10 мм.

Кубики (см. фото 3). Баклажан разрежьте пополам, затем каждую половинку нарежьте вдоль пластинами сначала по горизонтали, затем по вертикали. Пластины, уложив друг на друга, нарежьте поперек. Размер кубиков варьируется от 0,5 до 2 см в зависимости от способа кулинарной обработки.

Веер (см. фото 4). Баклажан надрежьте вдоль пластинами толщиной 0,5–0,7 мм, оставляя 1 см до плодоножки неразрезанным.

Дольки (см. фото 5). Нарежьте баклажан вдоль на 4–6 сегментов.

КАРТОФЕЛЬ

При покупке рекомендуется выбирать клубни среднего размера правильной формы, имеющие тонкую кожицу.

Для приготовления супов и пюре подбирайте сорта с высоким содержанием крахмала, а для винегретов, салатов, гарниров используйте менее крахмалистые сорта.

Обработка и нарезка

Картофель промойте, лучше всего — используя щеточку. С помощью ножа для чистки овощей и фруктов (см. фото 1) очистите картофель от кожицы, стараясь снимать ее как можно более тонким слоем (см. фото 2), вырежьте глазки.

Нарезать картофель лучше всего большим ножом для измельчения и резки, но можно использовать и специальные приспособления (см. фото 4).

Приведем несколько способов нарезки.

Кружочки. Картофель нарежьте вдоль или поперек пластинками толщиной 1—2 мм. С помощью специального приспособления «гребешок» можно нарезать гофрированные кружочки (см. фото 4).

Соломка (см. фото 3). Нарежьте картофель кружочками толщиной 1—2 мм и нашинкуйте полосками шириной 1—2 мм.

Брусочки (см. фото 5). Картофель нарежьте сначала пластинками толщиной 7—10 мм, а затем нашинкуйте брусочками. Длина брусочков составляет обычно 4—5 см.

Кубики (см. фото 5). Нарежьте картофель кружочками толщиной 0,5—2 см, затем — брусочками и нашинкуйте их поперек.

Дольки (см. фото 6). Клубень разрежьте вдоль пополам, затем каждую половинку — на 3—4 сегмента.

Ломтики (см. фото 7). Картофель разрежьте сначала вдоль — пополам или на 4 части, а затем поперек — на ломтики толщиной 1—2 мм.

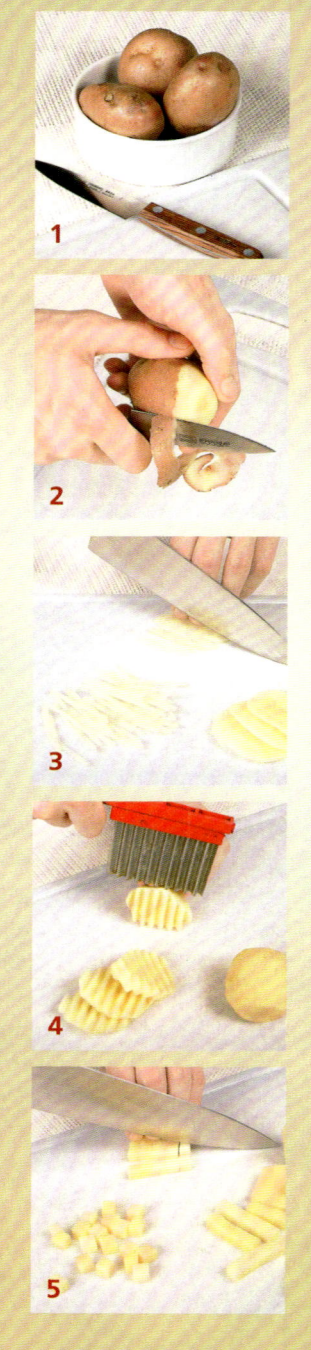

АПЕЛЬСИН

Апельсин — плод вечнозеленого дерева рода цитрусовых, произрастающего в тропических и субтропических поясах. В апельсинах содержатся сахара, лимонная кислота, витамины В, Р и особенно большое количество витамина С, — средней величины плод обеспечивает дневную потребность в нем взрослого человека.

В кулинарии плоды используют для приготовления соков, компотов, джемов, желе. Из корочек готовят цукаты. В свежем виде апельсины используют в салатах и десертах.

Различают 4 основные группы сортов апельсинов: обыкновенные — многосемянные, со светло-оранжевой мякотью, вкус от кислого до кисло-сладкого; яффские — крупные, с толстой бугорчатой кожурой, сладкие, сочные; корольки — небольшие, очень сладкие, с красной мякотью; бессемянные пупочные — с маленьким недоразвитым апельсинчиком на верхушке основного плода, наиболее сладкие и дорогие.

Обработка и нарезка

Апельсин промойте, обсушите и с помощью ножа для чистки овощей и фруктов очистите от кожуры и белых волокон (см. фото 1). Затем, используя большой нож для измельчения и резки, вырежьте дольки из мембран (см. фото 2).

Часто для приготовления и оформления блюд используется цедра апельсинов — верхний окрашенный слой корки плода. Срезать цедру необходимо как можно более тонко, стараясь не захватить нижний белый слой. Лучше всего для этой цели использовать специальное приспособление. Особенно эффектно выглядит цедра, нарезанная соломкой (см. фото 3) и спиралью (см. фото 4). Тертую цедру получают, снимая ее с помощью мелкой терки.

БУТЕРБРОД С КОПЧЕНОЙ СКУМБРИЕЙ

на 4 порции
- хлеб   4 ломтика
- филе скумбрии холодного копчения   8 ломтиков по 20 г
- огурец   4 кружочка
- масло сливочное   2 ст. ложки
- помидор   1 шт.
- яйцо вареное   1 шт.

■ Ломтики хлеба смажьте маслом. На середину каждого ломтика уложите кружочек огурца, на него — по 2 ломтика рыбы.

■ Оформите нарезанными дольками помидором и яйцом.

Настоящий бутерброд маслом вниз не упадет!

Время приготовления 15 минут

ХРУСТЯЩИЕ БУТЕРБРОДЫ С ЛИСИЧКАМИ

на 4 порции
- хлеб пшеничный 400 г
- масло сливочное 4 ст. ложки
- лисички 800 г
- лук-порей 2 стебля
- соль

■ Хлеб без корок нарежьте ломтиками толщиной 0,5 см, длиной 3—5 см и обжарьте их на сливочном масле.

■ Мелко нарезанные грибы и лук обжаривайте 10 минут, посолите.

■ При подаче положите на гренки часть грибов, остальные уложите рядом. Оформите зеленью петрушки.

Лисички — чемпионы среди грибов по содержанию каротина

● Время приготовления 20 минут

Нашел я зонтики в лесу, домой в корзинке их несу

КОРЗИНОЧКИ С ГРИБАМИ

на 5 порций

для теста:
- мука пшеничная   1 стакан
- сыр твердый тертый   100 г
- маргарин   100 г
- желток яичный   1 шт.
- соль

для фарша:
- грибы маринованные   200 г
- яйца вареные   2 шт.
- яблоко   1 шт.
- лук репчатый   1 головка
- сметана   2 ст. ложки
- соль

■ Из муки, маргарина, желтка и сыра замесите тесто, выдержите его на холоде 30 минут. Затем раскатайте, вырежьте кружки и уложите их в формочки. Выпекайте корзиночки до светло-золотистого цвета.

■ Грибы, яйца, яблоко и репчатый лук нарежьте мелкими кубиками, смешайте со сметаной, посолите, добавьте рубленую зелень.

■ Корзиночки наполните фаршем, оформите зеленью, грибами и ломтиками помидора.

- Время приготовления 40 минут плюс охлаждение

на 2–3 порции
- хлеб пшеничный   1 шт.
- филе соленого или копченого лосося   200 г
- масло сливочное   50 г

для зеленого масла:
- масло сливочное   70 г
- зелень рубленая (укроп, петрушка, кинза, базилик)   2–3 ст. ложки
- сок лимонный   1 ч. ложка

СЭНДВИЧ С РЫБОЙ

Чувствую себя англичанином

- С хлеба срежьте корку, разрежьте его вдоль на 3 ломтика толщиной 0,5 см.
- Филе лосося нарежьте тонкими широкими ломтиками.
- Для зеленого масла взбейте сливочное масло с зеленью, солью и лимонным соком.
- Один ломтик хлеба смажьте тонким слоем сливочного масла, уложите на него филе лосося. Второй ломтик хлеба также смажьте сливочным маслом, накройте рыбу (маслом вниз), слегка прижмите, сверху смажьте зеленым маслом и накройте оставшимся ломтиком хлеба. Обровняйте края и выдержите на холоде не менее 30 минут.
- Перед подачей разрежьте заготовку на отдельные сэндвичи шириной 4–5 см и уложите их на тарелки.

- Время приготовления 45 минут

ПОЛОСАТЫЙ БУТЕРБРОД

на 4 порции
- хлеб пшеничный или ржаной 5 больших ломтиков
- колбаса вареная 200 г
- сыр твердый 200 г
- масло сливочное 150 г
- томатная паста 1 ст. ложка
- зелень укропа или петрушки 4 веточки
- перец красный молотый

■ С хлеба срежьте корочку. Масло взбейте с томатной пастой и перцем. Колбасу и сыр нарежьте тонкими ломтиками.

■ Ломтик хлеба смажьте частью взбитого масла, покройте ломтиками колбасы. Второй ломтик хлеба также смажьте маслом, уложите на колбасу (маслом вниз), слегка прижмите, сверху вновь смажьте маслом и покройте ломтиками сыра. Повторите операцию так, чтобы в результате получилось по 2 слоя колбасы и сыра.

■ Положите бутерброд под легкий пресс и выдержите в холодильнике.

■ Перед подачей нарежьте бутерброд поперек ломтиками толщиной 1 см и оформите зеленью.

Таких поперечно-полосатых бутербродов я еще не видел!

• Время приготовления 30 минут плюс охлаждение

БУТЕРБРОДНЫЙ ТОРТ С ПАШТЕТОМ

на 8–10 порций

- хлеб пшеничный 1 булка
- паштет готовый 250–300 г
- масло сливочное 250 г
- маслины без косточек 8–10 шт.
- зелень

для наполнителей:

- зелень рубленая 300 г
- кетчуп острый 2 ст. ложки

■ С хлеба срежьте корки, придав ему форму прямоугольной заготовки. Разрежьте булку поперек на пять пластов, смажьте их маслом, затем паштетом и паштетом с наполнителями, чередуя по цвету, и уложите друг на друга. Сверху положите небольшой гнет и поставьте в холодильник.

■ Перед подачей смажьте паштетом верхний пласт и бока торта. Зеленью присыпьте боковую поверхность и разрежьте торт на порции, уложите в виде целого на блюдо.

■ Каждую порцию оформите маслом, маслинами, зеленью.

● Время приготовления 30 минут плюс охлаждение

на 10 порций

- хлеб ржаной   300 г
- хлеб пшеничный   300 г
- окорок вареный   100 г
- сыр твердый или овощи   100 г
- масло сливочное   300 г
- желтки вареных яиц   3 шт.
- лимон   1 шт.
- лук зеленый   1 пучок
- зелень укропа и петрушки рубленая   по 2 ст. ложки

БУТЕРБРОДНЫЙ ТОРТ С ОКОРОКОМ

■ Хлеб без корки разрежьте по горизонтали на 4 пласта толщиной 0,5 см. При приготовлении торта чередуйте пласты пшеничного и ржаного хлеба.

■ Первый пласт хлеба смажьте массой из мелко нарезанного окорока, смешанного с ¼ масла. Накройте вторым пластом и выложите на него смешанную с ¼ масла мелко нарезанную зелень. Третий пласт смажьте смешанными еще с ¼ масла протертыми яичными желтками. Сверху положите оставшийся пласт хлеба.

■ Бока и верх торта смажьте оставшимся маслом, посыпьте тертым сыром или мелко нарезанными овощами (редис, сладкий перец, огурцы или помидоры).

■ Оформите ломтиками лимона, зеленым луком и зеленью.

- Время приготовления 40 минут

КАНАПЕ С БУЖЕНИНОЙ И ВЕТЧИНОЙ

Деликатес на острие шпаги

на 4 порции
- хлеб пшеничный 300 г
- буженина 60 г
- ветчина 60 г
- масло сливочное 30 г
- огурец маринованный 1 шт.
- перец сладкий 1 шт.
- зелень укропа или петрушки

■ Хлеб нарежьте кружочками, квадратами, ромбами и обжарьте на масле.

■ К гренкам с помощью бутербродных шпажек прикрепите ломтики мясных продуктов, огурца и перца. Оформите канапе зеленью.

● Время приготовления 25 минут

на 4 порции

- мякоть вареного цыпленка   120 г
- язык вареный   25 г
- хлеб пшеничный   70 г
- масло сливочное   30 г
- горчица   5 г
- майонез   50 г
- виноград   200 г
- зелень укропа и петрушки   по 4 веточки
- соль

КАНАПЕ «ЛЮСИЛЬ»

Легкий и пикантный романтический ужин

■ Хлеб нарежьте тонкими ломтиками. Круглой выемкой вырежьте кружки и обжарьте их на части масла. Оставшееся сливочное масло разотрите с горчицей и смажьте гренки полученной масляной смесью.

■ Мякоть цыпленка мелко порубите, посолите, заправьте майонезом и уложите на одну половину гренок. На другую половину положите рубленый язык. Оформите виноградом и зеленью.

- Время приготовления 30 минут

на 6 порций
- батон 1 шт.
- масло сливочное 2 ст. ложки
- филе слабосоленой сельди 3 шт.
- горчица 1 ст. ложка
- желтки вареных яиц 4 шт.
- масло растительное 2 ст. ложки

- Филе сельди нарежьте ломтиками.
- Желтки разотрите с горчицей, постепенно добавляя растительное масло.
- Нарежьте батон ломтиками и обжарьте на сливочном масле.
- Смажьте ломтики хлеба смесью из горчицы и желтков.
- Выложите на хлеб ломтики сельди и запекайте бутерброды в духовке 5 минут.
- Подайте горячими.

Бутерброд — это не просто блюдо на скорую руку. Это образ жизни.

ГОРЯЧАЯ СЕЛЬДЬ С ГРЕНКАМИ

- Время приготовления 20 минут

ГОРЯЧИЙ БУТЕРБРОД «АССОРТИ»

на 1 порцию
- хлеб пшеничный   2 ломтика
- колбаса   1 ломтик
- сыр твердый   1 ломтик
- яйцо вареное   1 шт.
- масло сливочное   1 ст. ложка
- майонез   1 ст. ложка
- зеленый горошек консервированный   1 ч. ложка
- зелень рубленая   1 ч. ложка

■ Ломтики хлеба обжарьте на масле.

■ Колбасу нарежьте кубиками, сыр натрите, яйцо мелко порубите. Подготовленные продукты перемешайте с горошком, майонезом и зеленью.

■ Полученную массу уложите на хлеб и запекайте 2–3 минуты при 220–240 °C до образования румяной корочки.

Все, что есть в печи (в холодильнике), на бутерброд мечи!

- Время приготовления 15 минут

БАШНЯ ИЗ СЭНДВИЧЕЙ

на 6 порций

- батон 18 ломтиков
  или хлеб пшеничный 12 ломтиков
  или хлеб ржаной 6 ломтиков
- ветчина или окорок 6 ломтиков
- сыр 6 ломтиков
- творог 6 ст. ложек
- масло сливочное 50 г
- огурцы 12 кружочков
- помидоры 12 кружочков
- паштет готовый 3 ст. ложки

■ С хлеба срежьте корки, нарежьте хлеб ломтиками толщиной 0,5 см. Ломтики хлеба смажьте тонким слоем масла.

■ Сложите башню в следующей последовательности: первый ломтик хлеба — с паштетом и огурцом, второй — с ломтиком помидора, третий — с листьями салата, четвертый — с творогом, пятый — с окороком.

■ Из ломтика сыра выемкой для печенья вырежьте какую-нибудь фигурку и уложите ее на шестой ломтик хлеба. Башню скрепите шпажкой для бутербродов.

Я бы вырезал из сыра Биг Бэн!

Время приготовления 30 минут

на 10 порций

- батон   1 шт.
- филе семги соленое   100 г
- килька маринованная   4–6 шт.
- сыр твердый   100 г
- творог   4 ст. ложки
- сметана   1 ст. ложка
- лук репчатый белый   1 головка
- лук репчатый фиолетовый   1 головка
- листья зеленого салата   8 шт.
- сок лимонный   1 ст. ложка
- соль, перец черный молотый
- зелень укропа

БУТЕРБРОД-РУЛЕТ С СЕМГОЙ

■ Батон, срезав корку, нарежьте вдоль тонкими широкими пластами и прокатайте их скалкой.

■ Для рыбной пасты нарезанное филе кильки смешайте с творогом, лимонным соком и сметаной, посолите, поперчите.

■ Пласт хлеба положите на пленку и покройте тонкими ломтиками семги и сыра. Сверху уложите приготовленную рыбную пасту, ½ нарезанных соломкой листьев салата и рубленый белый лук. Сверните бутерброд плотным рулетом, оберните пленкой и охлаждайте 3 часа.

■ Перед подачей снимите пленку, нарежьте рулет ломтиками толщиной 3 см и выложите на тарелку, покрытую нарезанными соломкой красным луком и оставшимися листьями салата. Посыпьте рубленой зеленью.

- Время приготовления 30 минут плюс охлаждение

САЛАТ «ДЕЛИКАТЕСНЫЙ»

*Салатик непростой!
Салатик интересный!
Салат деликатесный!*

на 4 порции
- капуста цветная   100 г
- помидоры   2—3 шт.
- огурцы   2 шт.
- яблоко   1 шт.
- горошек зеленый консервированный   100 г
- виноград   100 г
- гранат   1 шт.
- зелень укропа или петрушки   4 веточки
- сметана   4 ст. ложки
- соль, перец черный молотый

■ Капусту варите в кипящей подсоленной воде 3—4 минуты, охладите и разберите на соцветия. Очищенное яблоко, огурцы и помидоры нарежьте ломтиками.

■ Овощи соедините, добавьте зеленый горошек, виноград и зерна граната, посолите, поперчите и перемешайте.

■ Перед подачей оформите зеленью. Сметану подайте отдельно.

• Время приготовления 20 минут

САЛАТ ПЕСТРЫЙ С ГРИБАМИ

А что это там беленькое пестреется? А, это грибки...

на 4 порции
- шампиньоны маринованные 200 г
- сыр твердый 100 г
- помидоры 2 шт.
- перец сладкий зеленый 2 шт.
- яблоко 1 шт.
- цедра лимона тертая 1 ст. ложка
- горчица готовая 1 ч. ложка
- сметана 6 ст. ложек
- соль
- зелень петрушки

■ Грибы отделите от заливки. Мелкие грибы используйте целыми, крупные разрежьте на 4 части. Сыр и очищенный от плодоножки и семян перец нарежьте кубиками. Яблоко и помидоры промойте, разрежьте пополам, затем нарежьте дольками, удалив у яблока сердцевину.

■ Выложите подготовленные продукты на блюдо, заправьте сметаной, смешанной с горчицей, цедрой и солью.

■ При подаче оформите зеленью.

• Время приготовления 15 минут

САЛАТ ИЗ ТЫКВЫ

на 6 порций
- тыква 600 г
- яблоки 4–5 шт.
- лимон 1–2 шт.
- мед 5 ст. ложек
- орехи 80 г

■ Тыкву и яблоки очистите (часть яблок оставьте на оформление), нарежьте тонкой соломкой, добавьте тертую цедру и сок лимона.

■ Ингредиенты перемешайте, заправьте медом, посыпьте молотыми орехами.

• Время приготовления 15 минут

> С тыквой надо уважительно: не «тыква», а «выква»!

САЛАТ ИЗ ТЫКВЫ С ЯБЛОКАМИ

на 4 порции
- яблоки 250 г
- тыква 250 г
- изюм 100 г
- сахар 50 г
- сметана густая 100 г
- корица на кончике ножа

■ Изюм замочите до набухания.

■ Тыкву и яблоки натрите на крупной тёрке (часть яблок оставьте для оформления).

■ Соедините подготовленные тыкву, яблоки, изюм, добавьте сахар и корицу.

■ Заправьте салат сметаной и оформите нарезанными дольками яблоками.

• Время приготовления 15 минут

САЛАТ ИЗ РЕДИСА С ОГУРЦАМИ

на 2 порции
- огурцы 2 шт.
- редис 10 шт.
- сок 1 лимона
- яйцо вареное 1 шт.
- сыр 50 г
- апельсин 1 шт.
- зелень укропа и петрушки

■ Огурцы и редис нарежьте кружочками и полейте соком лимона.

■ Яйцо мелко порубите.

■ Ингредиенты соедините, посыпьте тертым сыром, оформите зеленью и дольками апельсина.

В южных странах принято экзотический редис украшать банальными апельсинами

• Время приготовления 15 минут •

на 4 порции

- салат   1 кочан
- шпинат   100 г
- яблоко кислое   1 шт.
- редис   4 шт.
- лук репчатый   1 головка
- яйца   2 шт.
- зелень эстрагона, укропа, петрушки   по ½ пучка

для соуса:

- масло растительное и уксус винный   по 2 ст. ложки
- сок лимонный   1 ч. ложка
- сахар   1 ст. ложка
- соль, перец белый молотый

Радует глаз весеннее разноцветье!

ПЕСТРЫЙ ВЕСЕННИЙ САЛАТ

▪ Шпинат и салат измельчите. Яблоко нарежьте ломтиками, редис — кружочками, лук — кольцами.

▪ Для соуса смешайте растительное масло с уксусом, лимонным соком, сахаром, солью и перцем.

▪ Подготовленные ингредиенты соедините, заправьте приготовленным соусом и перемешайте.

▪ Посыпьте салат рублеными травами и оформите ломтиками яиц.

- Время приготовления 15 минут

на 2 порции
- перец сладкий маринованный   4—5 шт.
- яблоко   1 шт.
- лук репчатый   1 головка
- масло растительное   2–3 ст. ложки
- зелень петрушки рубленая   2 ст. ложки
- соль, перец черный молотый

*Окольцованный...
Околдованный...*

САЛАТ ИЗ МАРИНОВАННОГО ПЕРЦА

■ Сладкий перец нарежьте полосками, лук — кольцами, яблоко натрите на терке.

■ Подготовленные ингредиенты соедините, посолите, поперчите, заправьте маслом и посыпьте зеленью.

• Время приготовления 15 минут

САЛАТ ИЗ СВЕКЛЫ С ОРЕХАМИ

на 4 порции
- свекла   300 г
- лук репчатый   50 г
- чернослив без косточек   100 г
- изюм   50 г
- орехи грецкие   50 г
- масло растительное   50 г
- зелень укропа   1 пучок
- соль

■ Сырую свеклу натрите на терке, лук нашинкуйте. Чернослив отварите и мелко нарежьте. Изюм распарьте и охладите.

■ Подготовленные ингредиенты соедините, добавьте соль, рубленый укроп и растительное масло. Хорошо перемешайте и охладите.

■ При подаче посыпьте салат молотыми орехами.

● Время приготовления 25 минут

САЛАТ «ЛЕТО»

на 6 порций

- картофель вареный   500 г
- яйца вареные   2 шт.
- огурец   1 шт.
- редис   30 г
- морковь   1 шт.
- помидоры   2 шт.
- лук зеленый   50 г
- сметана   150 г
- сок 1 лимона
- сахарная пудра   1 ч. ложка
- соль, перец черный молотый
- листья зеленого салата

Такой салат можно, естественно, приготовить и зимой...

■ Листьями салата выстелите блюдо. На салат уложите нарезанные кружочками яйца. Сверху положите нарезанный кубиками картофель, заправленный лимонным соком, солью и перцем. Затем — нарезанные дольками огурец, редис, морковь, помидоры и посыпьте рубленым зеленым луком.

■ Отдельно подайте сметану, смешанную с солью, молотым перцем и сахарной пудрой.

• Время приготовления 20 минут •

САЛАТ ИЗ БАКЛАЖАНОВ С ПОМИДОРАМИ

на 4 порции
- баклажаны 300 г
- лук репчатый 2 головки
- яблоки 2 шт.
- яйца 2 шт.
- помидоры 2 шт.
- чеснок 2 зубчика
- майонез 150 г
- масло растительное 30 г
- соль, сахар
- зелень

■ Баклажаны очистите от кожицы, нарежьте ломтиками и обжарьте на растительном масле. Затем добавьте рубленый лук и жарьте еще несколько минут. Охладите.

■ Яблоки и вареные яйца мелко нарежьте и соедините.

■ Слегка обжарьте нарезанные ломтиками помидоры. Охладите.

■ Подготовленные ингредиенты соедините, добавьте соль, сахар, рубленый чеснок и заправьте майонезом.

■ Оформите салат помидорами и зеленью.

Время приготовления 40 минут

39

САЛАТ КАРТОФЕЛЬНЫЙ С ОРЕХАМИ

на 10 порций

- картофель 1 кг
- орехи грецкие 2 стакана
- лук репчатый 2 головки
- чеснок 2 зубчика
- кинза 30 г
- уксус яблочный 3 ст. ложки
- соль, перец черный молотый

■ Вареный картофель нарежьте кубиками.

■ Орехи, чеснок и кинзу пропустите через мясорубку. Добавьте мелко нарезанный лук, заправьте солью, перцем и уксусом.

■ Картофель соедините с ореховой смесью, уложите горкой и оформите мелко рубленной зеленью.

В Древней Греции грецкие орехи называли желудями богов

Время приготовления 15 минут

САЛАТ КАРТОФЕЛЬНЫЙ С СЕЛЬДЬЮ

на 2 порции
- картофель вареный 1 шт.
- филе соленой сельди 100 г
- огурец соленый 1 шт.
- лук репчатый 1 головка
- яблоко 1 шт.
- масло растительное 1 ст. ложка
- уксус 3%-й 1 ч. ложка
- сахар 1 ч. ложка
- соль
- листья зеленого салата

По содержанию йода сельдь превосходит говядину

■ Очищенные картофель, огурец, часть яблока и филе сельди нарежьте тонкими ломтиками, лук — соломкой.

■ Подготовленные продукты соедините, заправьте салат растительным маслом, уксусом, сахаром, солью.

■ При подаче выложите на листья салата, оформите ломтиками сельди и яблока.

Время приготовления 15 минут

САЛАТ «ПЕСТРЫЙ»

на 4 порции
- фасоль консервированная   120 г
- кукуруза консервированная   100 г
- яблоко зеленое   1 шт.
- перец чили   1 шт.
- перец сладкий   ½ шт.
- макаронные изделия фигурные   80 г
- майонез или йогурт   80 г
- сок лимонный   1 ст. ложка
- чеснок   1 зубчик
- лук зеленый   4 пера
- соль, перец черный молотый
- зелень петрушки и укропа

■ Макароны сварите в большом количестве подсоленной воды так, чтобы внутри они оставались твердыми. Слейте воду. Макароны охладите.

■ Яблоко нарежьте ломтиками, чили и сладкий перец — соломкой, лук — тонкими колечками. Соедините подготовленные ингредиенты, добавьте кукурузу, фасоль, макароны и перемешайте.

■ Майонез соедините с рубленым чесноком, молотым перцем, солью, рубленой зеленью, хорошо перемешайте и заправьте смесью салат. Охладите в течение 10 минут, при подаче оформите зеленью.

● Время приготовления 30 минут

САЛАТ ИЗ КАРТОФЕЛЯ

на 10 порций

- картофель вареный   7 шт.
- горошек зеленый (свежий или свежезамороженный)   1 стакан
- масло растительное   2 ст. ложки
- перец сладкий красный   1 шт.
- сыр эмменталь   300 г
- сливки густые или сметана   ½ стакана
- майонез   ½ стакана
- уксус 3%-й   1 ст. ложка
- горчица готовая   1—2 ст. ложки
- лук зеленый   1 пучок
- сахар
- соль, перец черный молотый

■ Очищенный картофель нарежьте ломтиками и выложите в салатник.

■ Зеленый горошек прогрейте, затем охладите.

■ Перец разрежьте на 4 части и, удалив плодоножку и сердцевину с семенами, промойте. Сыр и перец нарежьте кубиками и выложите вместе с горошком на картофель.

■ Взбейте венчиком густые сливки с растительным маслом, майонезом, уксусом, 2 столовыми ложками воды, горчицей, солью, молотым перцем и сахаром. Приготовленным соусом заправьте салат. Выдержите 1 час.

■ Перед подачей посыпьте салат рубленым зеленым луком.

Время приготовления 1 час 20 минут

САЛАТ ИЗ МОРСКОЙ КАПУСТЫ

на 4 порции

- капуста морская консервированная 200 г
- картофель вареный 4 шт.
- лук репчатый 2 головки
- капуста белокочанная квашеная 150 г
- масло растительное 3 ст. ложки
- соль
- зелень петрушки

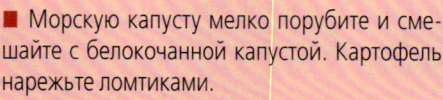

Просто море йода!

■ Морскую капусту мелко порубите и смешайте с белокочанной капустой. Картофель нарежьте ломтиками.

■ Лук нашинкуйте соломкой.

■ Подготовленные ингредиенты соедините, посолите, заправьте маслом и перемешайте.

■ Посыпьте салат рубленой зеленью.

• Время приготовления 15 минут

на 4 порции
- шампиньоны   300 г
- лук репчатый   1 головка
- помидоры   2 шт.
- морковь   1 шт.
- вино белое   ½ стакана
- сок лимонный   1 ст. ложка
- масло растительное   1 ст. ложка
- соль, перец черный молотый
- зелень петрушки

■ Шампиньоны промойте, нарежьте ломтиками, залейте вином, добавьте соль, перец и припускайте на среднем огне 10—15 минут.

■ Лук нашинкуйте, промытую и очищенную морковь промойте, очистите и нарежьте тонкой соломкой, помидоры — дольками.

■ Соедините подготовленные ингредиенты, заправьте лимонным соком, маслом, оформите помидором и зеленью.

■ Время приготовления 25 минут

САЛАТ ИЗ ШАМПИНЬОНОВ В ВИНЕ

САЛАТ С РЫЖИКАМИ И КАЛЬМАРАМИ

Стоят мальчонки — рыжие шапчонки

на 10 порций
- рыжики маринованные   200 г
- кальмары отварные   400 г
- картофель вареный   5 шт.
- огурцы соленые   2 шт.
- лук репчатый   2 головки
- майонез   1 стакан
- соль, перец черный молотый

■ Грибы, картофель и огурцы нарежьте ломтиками, кальмаров — соломкой, лук порубите.

■ Подготовленные ингредиенты салата соедините, посолите, поперчите, заправьте майонезом и перемешайте.

■ Выложите в салатник, выстеленный листьями зеленого салата.

• Время приготовления 15 минут

САЛАТ ГРИБНОЙ С МЯСОМ

на 2 порции

- мякоть отварной говядины   200 г
- грибы   200 г
- лук репчатый   1 головка
- огурец   1 шт.
- лук зеленый   4 пера
- зелень укропа и кинза рубленые   по 1 ч. ложке
- сметана   1 стакан
- масло растительное   1 ст. ложка
- соль

■ Грибы мелко нарежьте, оставив часть целыми для оформления, обжарьте на масле вместе с рубленым репчатым луком.

■ Говядину нарежьте кубиками, добавьте грибы, нарезанный кубиками огурец, зелень и нашинкованный зеленый лук. Посолите, заправьте сметаной и перемешайте.

■ Готовый салат выложите в салатник, оформите грибами и зеленью.

• Время приготовления 40 минут

САЛАТ-КОКТЕЙЛЬ С ШАМПИНЬОНАМИ

Что за продукт? Не овощ, не фрукт, а для закуски — лучше капустки

на 4 порции
- шампиньоны 300 г
- лук репчатый 1 головка
- сок лимонный 1 ч. ложка
- кальмары консервированные 70 г
- перец сладкий 1 шт.
- корень петрушки 1 шт.
- сметана 1 ст. ложка
- майонез 1 ст. ложка

■ Шампиньоны нарежьте ломтиками, добавьте рубленый репчатый лук и лимонный сок. Перемешайте.

■ Кальмаров, сладкий перец и корень петрушки нарежьте тонкой соломкой.

■ В бокал уложите слоями кальмаров, сладкий перец, петрушку и грибы с луком, смазывая каждый слой смесью сметаны и майонеза.

■ При подаче оформите салат веточкой зелени и ломтиками яблока.

Время приготовления 20 минут

САЛАТ С ПОДОСИНОВИКАМИ И РИСОМ

на 6 порций
- рис 200 г
- подосиновики 200 г
- морковь 1 шт.
- лук репчатый 1 головка
- огурец соленый 1 шт.
- масло растительное 1 ст. ложка
- майонез 2 ст. ложки

■ Рис отварите в подсоленной воде, откиньте на дуршлаг. Охладите.

■ Лук и морковь нашинкуйте, спассеруйте на масле, добавьте нарезанные грибы и жарьте до готовности.

■ Обжаренные грибы с овощами охладите, добавьте рис, нарезанный соломкой огурец, заправьте все майонезом и перемешайте.

■ При подаче посыпьте салат рубленым яйцом, оформите зеленью.

Кто стоит на толстой ножке под осиной на дорожке? В красной шапке, как лесник. Это...

- Время приготовления 35 минут плюс охлаждение

САЛАТ РЫБНЫЙ С СОУСОМ

Если заменить сы брынзой, салат б гораздо пикантнѣ

на 4 порции

- филе рыбы вареное   200 г
- сыр твердый   100 г
- огурцы   1–2 шт.
- помидоры   2 шт.
- лук репчатый красный 1 головка
- майонез   4 ст. ложки
- масло оливковое   2 ст. ложки
- уксус 3%-й   1 ч. ложка
- соль
- зелень укропа

■ Филе рыбы, огурцы и помидоры нарежьте мелкими кубиками. Лук очистите, мелко порубите.

■ Для сырного соуса 80 г тертого сыра тщательно перемешайте с маслом и уксусом, добавьте майонез, посолите.

■ Салат уложите слоями в глубокий салатник, смазывая каждый слой сырным соусом, в следующем порядке: рыба, огурцы, лук, помидоры.

■ При подаче салат посыпьте оставшимся сыром, оформите зеленью.

● Время приготовления 25 минут

на 6–8 порций

- филе рыбы   200 г
- мякоть крабов или креветок консервированная   20 г
- картофель   200 г
- помидоры   2 шт.
- огурцы консервированные   2 шт.
- листья зеленого салата   150 г
- майонез   100 г
- оливки без косточек   100 г
- лимон   1 шт.
- зелень

■ Картофель и рыбу отварите, охладите.

■ Огурцы, помидоры, картофель, рыбу и мякоть крабов нарежьте кубиками, зеленый салат — соломкой, оливки — колечками.

■ Ингредиенты соедините, заправьте майонезом, оформите зеленью, лимоном и оливками.

САЛАТ С РЫБОЙ И КРАБАМИ

- Время приготовления 35 минут

на 4 порции

- мясо осьминога или каракатицы   200 г
- мидии   400 г
- креветки   400 г
- масло оливковое   6 ст. ложек
- вино белое   2 ст. ложки
- чеснок   1 зубчик
- зелень петрушки рубленая   2 ст. ложки
- лук-порей   1 стебель
- сок лимонный   2 ст. ложки
- соль, перец черный молотый

Как-то я укрощал бешеного осьминога...

САЛАТ
из МОРЕПРОДУКТОВ

■ Мясо осьминога нарежьте небольшими кусочками и обжаривайте на части масла 15 минут на среднем огне.

■ Мидий промойте. Воду доведите до кипения, влейте вино и положите мидий. Варите до тех пор, пока створки раковин не раскроются. Извлеките мякоть из раковин.

■ Креветок промойте, очистите и жарьте на оставшемся масле вместе с измельченным чесноком и петрушкой до готовности.

■ Перед подачей выложите морепродукты на тарелки, посолите, поперчите, полейте лимонным соком и оставшимся маслом, оформите нарезанным кольцами луком.

Время приготовления 35 минут

на 4 порции

- килька соленая очищенная   100 г
- картофель вареный   2–3 шт.
- морковь вареная   1 шт.
- огурцы   2 шт.
- помидоры   2 шт.
- каперсы   1 ч. ложка
- яйца вареные   2 шт.
- лук зеленый рубленый   3 ст. ложки
- майонез   ½ стакана
- горошек зеленый консервированный   4 ст. ложки
- маслины   4 шт.
- соль, перец черный молотый
- листья зеленого салата

■ Картофель, морковь и 1 яйцо нарежьте ломтиками, соедините с 1 нарезанным помидором, огурцами, каперсами, луком, зеленым горошком, маслинами, майонезом, добавьте соль, перец и перемешайте.

■ Салат выложите горкой в салатник, сверху уложите кильку, оформите зеленым луком.

САЛАТ С КИЛЬКОЙ

- Время приготовления 15 минут

САЛАТ ИЗ КАЛЬМАРОВ

на 4 порции
- кальмары   300 г
- крабовые палочки   150 г
- капуста белокочанная   150 г
- яйца вареные   2 шт.
- икра лососевая   2 ст. ложки
- майонез   4 ст. ложки
- сахар
- соль
- листья зеленого салата

■ Отваренных или консервированных кальмаров нарежьте соломкой, соедините с нашинкованными крабовыми палочками и капустой. Заправьте солью, сахаром и майонезом.

■ Яйца очистите, разрежьте пополам и наполните половинки икрой.

■ Подайте салат на блюде, выстеленном листьями салата. Оформите половинками яиц с икрой.

• Время приготовления 20 минут •

на 4 порции

- филе рыбы горячего копчения 200 г
- горошек зеленый консервированный 100 г
- капуста цветная вареная 100 г
- картофель вареный 3 шт.
- морковь вареная 1 шт.
- огурец 1 шт.
- помидоры 2 шт.
- яйца вареные 2 шт.
- майонез 4 ст. ложки
- соль
- зелень укропа

■ Капусту разберите на соцветия. Филе рыбы, картофель, морковь, огурец и яйца нарежьте ломтиками.

■ Ломтики рыбы выложите на середину блюда, полейте частью майонеза. Вокруг уложите подготовленные овощи и яйца, посолите, заправьте оставшимся майонезом. Оформите помидором, зеленым горошком и зеленью.

И чтобы ни единой рыбной косточки!

САЛАТ ИЗ КОПЧЕНОЙ РЫБЫ С ОВОЩАМИ

- Время приготовления 20 минут

на 5 порций

- ветчина   200 г
- огурцы   2 шт.
- яблоки   2 шт.
- помидоры   2 шт.
- корень сельдерея вареный   200 г
- сок апельсиновый   ½ стакана
- майонез   ½ стакана
- соль
- листья зеленого салата
- зелень петрушки

■ Ветчину нарежьте ломтиками и сверните трубочками.

■ Огурцы, яблоки, сельдерей и часть помидоров нарежьте кубиками, заправьте апельсиновым соком, посолите, перемешайте.

■ На блюдо уложите листья салата, на них в виде бордюра разместите трубочки из ветчины. В центр выложите подготовленные овощи, заправленные майонезом.

■ Оформите салат ломтиками помидоров и зеленью.

Сначала салат и хорошее вино, а потом — танго до изнеможения...

САЛАТ «АРГЕНТИНСКОЕ ТАНГО»

■ Время приготовления 25 минут

САЛАТ РИСОВЫЙ С КУРИЦЕЙ

на 4 порции

- мякоть копченой курицы   200 г
- рис вареный   100 г
- ананас консервированный   100 г
- листья зеленого салата   150 г
- сок лимонный   2 ст. ложки
- майонез   4 ст. ложки
- орехи грецкие рубленые   2 ст. ложки
- перец белый молотый
- соль
- зелень петрушки

Время приготовления 50 минут

■ Мякоть курицы и ананас нарежьте тонкими ломтиками. Листья салата промойте, обсушите и нашинкуйте.

■ Соедините рис с подготовленными продуктами, выложите в салатник, посолите, поперчите и полейте майонезом, смешанным с лимонным соком. Дайте постоять 30 минут.

■ При подаче посыпьте салат орехами, оформите зеленью.

на 6 порций

- ветчина 300 г
- яйца вареные 4 шт.
- огурец соленый 1 шт.
- филе анчоусов 50 г
- редис 100 г
- маслины без косточек 60 г
- картофель вареный 2 шт.
- майонез ½ стакана
- горчица 1 ст. ложка
- корнишоны 50 г
- помидор 1 шт.
- зелень

САЛАТ С МЕДАЛЬОНАМИ ИЗ ВЕТЧИНЫ

■ Для медальонов нарежьте ветчину ломтиками (часть оставьте для салата). На каждый ломтик, смазанный горчицей, уложите по кружочку яйца. На половину яиц положите по кружочку редиса и огурца, на оставшиеся — по маслине, обернутой филе анчоуса.

■ Для салата картофель, оставшиеся овощи и ветчину нарежьте кубиками, заправьте майонезом и перемешайте.

■ На середину блюда выложите салат из картофеля, вокруг поместите медальоны. Оформите нарезанным дольками помидором, корнишонами и зеленью.

• Время приготовления 25 минут

на 6 порций

- грибы сушеные   400 г
- печень говяжья   200 г
- огурцы или кабачки соленые   2 шт.
- лук репчатый   3 головки
- яйца   3 шт.
- сметана   150 г
- масло растительное   2 ст. ложки
- соль, перец черный молотый
- зелень

■ Грибы замочите на 2–3 часа в холодной воде, процедите и в этой же воде отварите.

■ Печень отварите с добавлением соли и нарежьте соломкой.

■ Лук нарежьте кольцами и обжарьте на растительном масле.

■ Огурцы нарежьте соломкой, вареные яйца и грибы — кубиками.

■ Все ингредиенты соедините, добавьте соль, перец, заправьте салат сметаной и оформите зеленью и яйцом.

Выйду на пенсию – надрессирую Тузика искать грибы

САЛАТ ГРИБНОЙ С ПЕЧЕНЬЮ

- Время приготовления 30 минут плюс замачивание

на 4 порции

- свинина нежирная 200 г
- свекла 1 шт.
- яблоки 1–2 шт.
- зелень сельдерея 100 г
- орехи грецкие 80 г
- масло растительное 4 ст. ложки
- листья зеленого салата 4–5 шт.
- уксус 3%-й 2 ст. ложки
- желтки яичные 2 шт.
- горчица готовая ½ ч. ложки
- сахар ½ ч. ложки
- корни сельдерея и петрушки по 200 г
- лавровый лист
- соль

САЛАТ СО СВИНИНОЙ

■ Свинину обжарьте на части масла, положите лавровый лист, коренья и тушите до готовности. Охладите и нарежьте кубиками.

■ Свеклу запеките в духовке, очистите и тонко нарежьте. Зелень сельдерея и листья салата нашинкуйте, яблоки нарежьте дольками.

■ Для соуса яичные желтки разотрите с солью и сахаром, добавьте горчицу, масло, уксус.

■ Все подготовленные ингредиенты перемешайте, заправьте соусом, посыпьте измельченными обжаренными орехами. Оформите ломтиками яблок и зеленью сельдерея.

Время приготовления 1 час

САЛАТ «МАТАДОР»

на 5 порций

- мякоть вареной говядины   50 г
- ветчина копченая   100 г
- картофель вареный   5 шт.
- помидоры   3 шт.
- огурцы   3 шт.
- листья зеленого салата   8 шт.
- майонез   ½ стакана
- соль

■ Мясо, ветчину и картофель нарежьте мелкими кубиками, огурцы и помидоры — ломтиками, 3 листа салата — соломкой.

■ Подготовленные ингредиенты посолите по вкусу и перемешайте.

■ Готовый салат выложите на оставшиеся листья салата, заправьте майонезом и оформите ломтиками огурца и помидора.

- Время приготовления 15 минут

на 5 порций

- филе вареной индейки   300 г
- картофель вареный   3 шт.
- яйца вареные   3 шт.
- яблоки   3 шт.
- редис   60 г
- виноград   100 г
- листья зеленого салата   50 г
- майонез   ½ стакана
- семена кунжута   3 ч. ложки
- соль, перец белый молотый
- зелень петрушки

■ Филе индейки нарежьте ломтиками.

■ Картофель, яйца, яблоки и редис нарежьте кубиками. Виноград разрежьте пополам и удалите косточки. Салат нарежьте полосками с помощью ножниц.

■ Подготовленные ингредиенты посолите, заправьте майонезом и перемешайте.

■ Выложите в салатник, посыпьте крупно молотым белым перцем, семенами кунжута, оформите ломтиками индейки и зеленью.

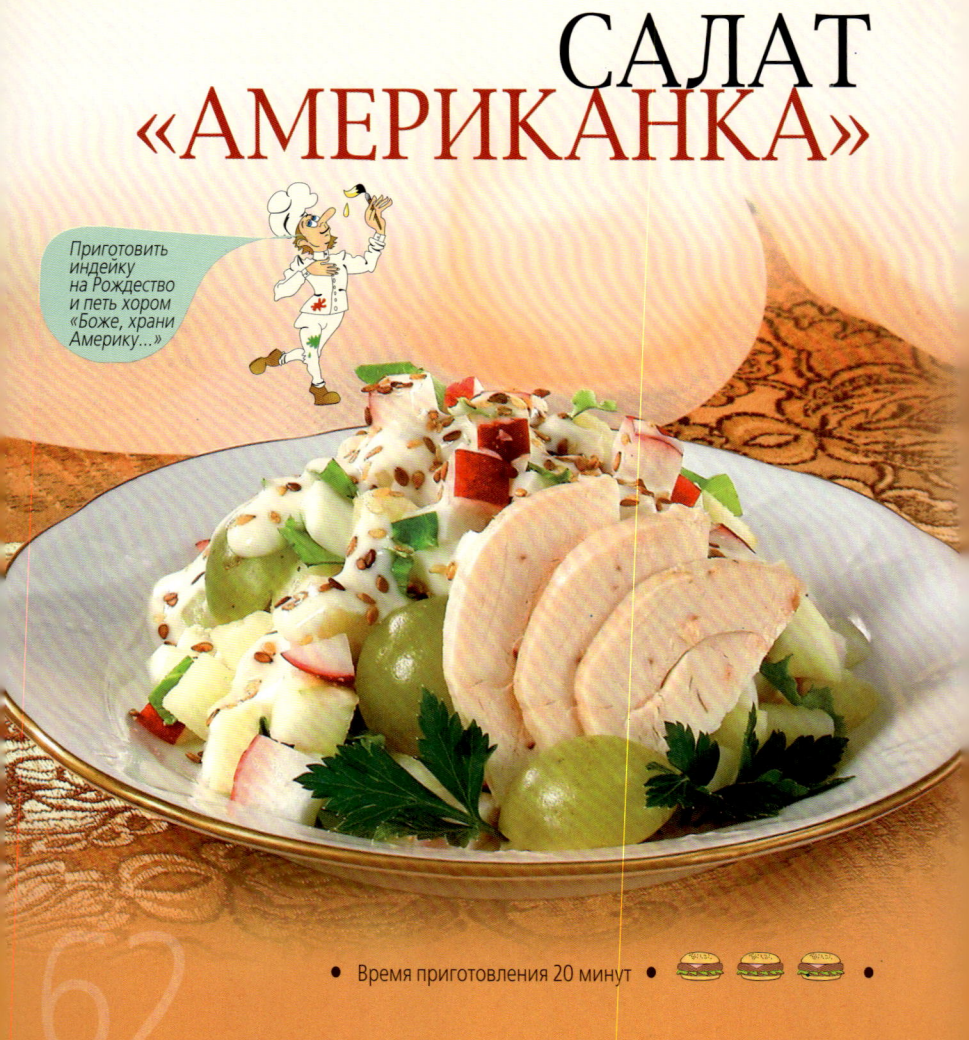

САЛАТ «АМЕРИКАНКА»

Приготовить индейку на Рождество и петь хором «Боже, храни Америку...»

Время приготовления 20 минут

САЛАТ ПО-МЕКСИКАНСКИ

Так вот что готовит Марианна для Луиса Альберто!

■ Филе цыпленка нарежьте соломкой.

■ Очищенный сельдерей натрите на терке.

■ Сладкий перец, репчатый лук и листья салата нашинкуйте соломкой, оставив немного лука и листьев салата для оформления.

■ Подготовленные ингредиенты соедините, заправьте майонезом, добавьте сахар.

■ Перед подачей салат оформите маслинами, листьями салата, луком и зеленью.

на 4 порции
- филе жареного цыпленка   2 шт.
- корень сельдерея   1 шт.
- перец сладкий   1 шт.
- лук репчатый   1 головка
- листья зеленого салата   8 шт.
- майонез   2 ст. ложки
- маслины   2 ст. ложки
- сахар   1 ч. ложка

■ Время приготовления 15 минут

на 4 порции

- мякоть копченой курицы   150 г
- орехи грецкие   50 г
- гранаты   2 шт.
- свекла вареная   1 шт.
- яйца вареные   4 шт.
- картофель вареный   4 шт.
- майонез   ½ стакана

САЛАТ «ГРАНАТОВЫЙ БРАСЛЕТ»

- Мясо курицы, картофель, свеклу и яйца нарежьте мелкими кубиками, орехи измельчите.
- В центр блюда поставьте цилиндрическую форму.
- Вокруг формы уложите слоями свеклу, картофель, курицу, орехи, яйца, смазывая каждый слой майонезом. Верхний слой смажьте оставшимся майонезом и посыпьте зернами граната.
- Перед подачей форму уберите.

• Время приготовления 30 минут •

САЛАТ «ОРИГИНАЛЬНЫЙ»

на 5 порций
- мякоть вареной курицы   500 г
- язык вареный   100 г
- шампиньоны консервированные   100 г
- зелень сельдерея   100 г
- майонез   ½ стакана
- кетчуп   1 ст. ложка
- соль
- зелень петрушки

■ Мякоть курицы и язык нарежьте кубиками, шампиньоны — ломтиками, зелень мелко порубите.

■ Подготовленные ингредиенты выложите на блюдо, посолите, полейте кетчупом, майонезом и оформите зеленью.

Знающие люди добавляют в этот салат немного лимонной цедры

- Время приготовления 15 минут

на 4 порции

- мякоть курицы вареной или жареной   150 г
- яйца   6 шт.
- чернослив без косточек   100 г
- огурцы   2 шт.
- орехи грецкие   60 г
- майонез   200 г

■ Чернослив сварите до готовности. Охладите, затем нарежьте соломкой.

■ Яйца сварите вкрутую, отделите белки от желтков. Белки мелко порубите.

■ Мякоть курицы и очищенные огурцы нарежьте соломкой. Орехи измельчите.

■ В салатник уложите слоями огурцы, курицу, чернослив, яичные белки и орехи, смазывая майонезом каждый слой. Полейте салат оставшимся майонезом, в центр насыпьте рубленые вареные желтки. Оформите огурцом, черносливом, орехами.

САЛАТ «НЕЖНОСТЬ»

● Время приготовления 25 минут

САЛАТ С СЫРОМ И ОРЕХАМИ

А я бы еще добавил пару капель соуса табаско

на 4 порции
- смесь салатных листьев   200 г
- орехи грецкие крупно рубленные   50 г

для приправы:
- сыр (брынза, адыгейский, сулугуни)   50 г
- йогурт без наполнителя   200 г
- чеснок   1 зубчик
- смесь сушеных пряных трав   1 щепотка
- лук-резанец или зелень петрушки рубленые   2 ст. ложки
- соль, перец черный молотый

■ Для приправы разомните сыр вилкой и смешайте с йогуртом. Добавьте толченый чеснок и травы по вкусу. Посолите, поперчите, добавьте лук-резанец или петрушку, хорошо перемешайте.

■ Разложите листья салата на 4 сервировочные тарелки. Полейте каждую порцию приправой. Оформите орехами.

Время приготовления 15 минут

АВОКАДО С ПИКАНТНЫМ СЫРОМ

на 8 порций

- авокадо   2 шт.
- сыр рокфор   200 г
- масло сливочное   2 ст. ложки
- вино белое сухое   1 ст. ложка
- зелень эстрагона рубленая   1 ч. ложка
- сметана   4 ст. ложки
- перец красный молотый   1 ч. ложка
- каперсы   2 ч. ложки

■ Мякоть авокадо нарежьте крупными кубиками.

■ Разомните сыр, добавьте размягченное масло, вино, эстрагон и сметану, взбейте массу и разложите ее на кубики авокадо.

■ Перед подачей поперчите и оформите каперсами.

Да разольется влага живительная по периферии телесной!

● Время приготовления 15 минут

«ПЛОТИКИ» ИЗ ПЕРЦА

Не напиваться индивидуально! Только коллективно!

на 16 порций

- перец сладкий разного цвета 3 шт.
- капуста морская консервированная 220 г
- сыр сливочный мягкий 200 г
- яйца вареные 4 шт.
- чеснок 4 зубчика
- майонез 8 ст. ложек
- зелень укропа рубленая 4 ст. ложки

■ Перцы разрежьте вдоль на четыре части.

■ Яйца, чеснок и морскую капусту без заливки порубите, добавьте сыр, майонез и укроп, перемешайте.

■ Разложите «плотики» из перца на блюдо, положите на каждый приготовленную массу с морской капустой, оформите небольшими кусочками перца и зеленью.

● Время приготовления 20 минут

ПОМИДОРЫ ФАРШИРОВАННЫЕ

За то, чтобы в любви к себе у нас было много соперников!

на 24 порции

- помидоры   24 шт.
- маслины без косточек   36 шт.
- филе маринованной кильки   180 г
- чеснок   2 зубчика
- яйца вареные   2 шт.
- сыр тертый   2 ст. ложки
- масло растительное   2 ст. ложки
- соус табаско   2–3 капли
- паприка молотая   1 щепотка

■ У помидоров срежьте верхнюю часть, удалите семена. Помидоры слегка посолите.

■ Для фарша смешайте мелко нарезанные маслины, яйца, чеснок, филе кильки, добавьте остальные ингредиенты.

■ Помидоры слегка отожмите от выделившегося сока и нафаршируйте приготовленной массой. Накройте срезанными верхушками, оформите зеленью и разложите на блюде.

- Время приготовления 25 минут

ОГУРЦЫ С ГРИБНОЙ НАЧИНКОЙ

на 10 порций

- огурцы   4 шт.
- грибы   800 г
- сыр плавленый   250 г
- лук репчатый   1 головка
- масло растительное   2 ст. ложки
- майонез   4 ст. ложки
- перец сладкий красный   1 шт.
- соль, перец красный молотый

■ Огурцы, срезав кончики, нарежьте на 40 кружочков.

■ Грибы мелко порубите. Лук нашинкуйте, обжарьте на масле, добавьте грибы и жарьте, помешивая, до готовности. Охладите.

■ Грибы пропустите через мясорубку вместе с сыром, добавьте соль, майонез и взбейте до пышной консистенции.

■ Начинку выложите на кружочки огурцов, посыпьте молотым перцем, оформите кусочками сладкого перца и зеленым луком.

• Время приготовления 30 минут

на 2 порции
- баклажаны 2 шт.
- помидоры 2 шт.
- чеснок 2 зубчика
- яйцо 1 шт.
- майонез 4 ст. ложки
- масло растительное 2 ст. ложки
- соль, перец черный молотый
- зелень

Попробуйте смешать майонез с рубленой зеленью укропа…

■ Баклажаны промойте, нарежьте вдоль тонкими ломтиками. Посолите и выдержите 30 минут.

■ Ломтики баклажанов обсушите, посыпьте перцем, смочите во взбитом яйце и обжарьте до образования золотистой корочки. Охладите.

■ Смажьте обжаренные ломтики смесью майонеза и рубленого чеснока, положите на каждый дольку помидора, сверните баклажаны рулетиками и сколите шпажками. Уложите на блюдо и оформите зеленью.

РУЛЕТИКИ ИЗ БАКЛАЖАНОВ

● Время приготовления 50 минут

ПИКАНТНЫЕ ОГУРЧИКИ

на 2 порции
- огурчики небольшие   2 шт.
- сыр рокфор   50 г
- творог   50 г
- масло сливочное   20 г
- перец красный молотый   ½ ч. ложки
- оливки   4–6 шт.
- зелень

Сыр рокфор носит по праву титул короля всех сыров!

■ Огурчики промойте, разрежьте пополам, удалите сердцевину.

■ Разомните сыр, смешайте с протертым творогом, маслом и перцем. Хорошо взбейте.

■ Наполните огурчики приготовленным фаршем, оформите оливками и зеленью.

Время приготовления 20 минут

РУЛЕТИКИ ИЗ ЛОСОСЯ С СЫРОМ

на 5 порций
- филе копченого лосося 200 г
- сыр твердый 300 г
- огурец 1 шт.
- зелень петрушки

■ Сыр нарежьте на 20 кубиков. Филе лосося нарежьте тонкими ломтиками, огурец — кружочками.

■ Ломтики лосося сверните рулетиками и каждый вместе с кружочком огурца прикрепите шпажкой к сырному кубику. Оформите зеленью.

Время приготовления 20 минут

Совершим «опрокидон» за здоровье наших жен!

РУЛЕТИКИ ИЗ ЛОСОСЯ

на 12 порций
- филе соленого лосося   800 г
- масло сливочное   120 г
- соус хрен   4 ст. ложки
- зелень укропа рубленая   1 ст. ложка
- маслины без косточек   24 шт.

■ Филе лосося отбейте, выравнивая по толщине.

■ Масло взбейте, добавьте соус и укроп, хорошо перемешайте.

■ Разложите приготовленную смесь на филе, по краю уложите маслины и сверните филе плотными рулетами. Заверните рулеты в пергамент и выдержите в холодильнике не менее 3 часов.

■ Перед подачей нарежьте рулеты ломтиками и разложите на блюде.

• Время приготовления 25 минут плюс охлаждение

ШАШЛЫЧКИ С КОПЧЕНОЙ РЫБОЙ

на 12 порций
- филе копченой скумбрии 2 шт.
- киви 3 шт.
- яблоки 2 шт.
- мандарины 3 шт.
- листья зеленого салата 6 шт.
- сок ½ лимона

для соуса:
- майонез 1½ стакана
- соус хрен 1 ст. ложка
- зелень укропа рубленая 2 ст. ложки
- перец красный молотый

■ Филе скумбрии нарежьте кубиками. Киви очистите от кожицы, нарежьте кубиками. Мандарины очистите, разберите на дольки. Яблоки, удалив сердцевину, нарежьте кубиками и сбрызните лимонным соком. Листья салата нарежьте квадратами.

■ Нанижите кубики филе вперемежку с фруктами и листьями салата на деревянные шпажки.

■ Ингредиенты соуса соедините и перемешайте.

■ Уложите шашлычки на блюдо, соус подайте отдельно.

● Время приготовления 25 минут ●

> Махнём по рюмочке, друзья, за нас и радость бытия!

ОСЕТРИНА
ПО-ИМПЕРАТОРСКИ

на 12 порций

- звено осетрины без кожи   800 г
- тарталетки   12 шт.
- вино белое сухое   ½ стакана
- лук репчатый   1 головка
- майонез   250 г
- соус вустерширский   1 ч. ложка
- зелень петрушки рубленая   1 ст. ложка
- перец красный молотый
- лимон   1 шт.
- перец сладкий красный   1 шт.

■ Осетрину нарежьте кусками, залейте вином, посолите и припускайте 10 минут. Добавьте мелко нарезанный лук и припускайте еще 10 минут. Охладите, затем нарежьте небольшими кубиками.

■ Смешайте осетрину, майонез, соус, зелень петрушки, молотый перец и тертую лимонную цедру.

■ Наполните тарталетки приготовленной смесью, оформите кусочками лимона и сладкого перца.

Время приготовления 40 минут

МИДИИ С МАЙОНЕЗОМ

на 2 порции

- мидии 700 г
- майонез 100 г
- лук репчатый 1 головка
- вино белое 2 ст. ложки
- горчица 1 ч. ложка
- сыр 30 г
- соль, перец черный молотый
- креветки 2—4 шт.
- зелень

Никто не догадается, что вы использовали консервированных мидий, если запечь их в тарталетках или волованах

■ Мидий почистите щеткой, промойте и варите в кипящей воде 10 минут. Как только створки раскроются — мидии готовы. Откиньте их на сито, уберите нераскрывшиеся раковины. Извлеките мякоть из створок и мелко ее нарежьте.

■ Лук мелко порубите и припустите в вине. Добавьте нарезанных мидий, соль, перец, прогрейте.

■ Охлажденных мидий заправьте частью майонеза, смешанного с горчицей, уложите в створки, посыпьте тертым сыром. Запеките в духовке.

■ Подавайте горячими или холодными, полив оставшимся майонезом. Оформите зеленью и креветками.

• Время приготовления 50 минут

на 2 порции

для теста:
- мука пшеничная   170 г
- маргарин   40 г
- молоко   40 г
- сметана   20 г
- яйцо   ½ шт.
- сахар   6 г

для салата:
- креветки свежемороженые   200 г
- картофель   100 г
- огурцы свежие или соленые   100 г
- горошек зеленый консервированный   50 г
- майонез   60 г
- соль
- зелень

ТАРТАЛЕТКИ С КРЕВЕТОЧНЫМ САЛАТОМ

■ Тарталетки приготовьте заранее. Для этого растворите в молоке соль и сахар, введите муку, затем размягченный маргарин, яйцо и сметану. Перемешайте и раскатайте в пласт толщиной 2—3 мм. Вырежьте лепешки по размеру формочек. Разложите их в формочки, плотно прижимая к внутренней поверхности, проколите вилкой и выпекайте в духовке при 240—260 °C. Охладите.

■ Картофель сварите. Охладите.

■ Креветок промойте, не размораживая, опустите в кипящую подсоленную воду и варите до готовности 10 минут. Готовые креветки должны всплыть. Для улучшения вкуса можно добавить в воду корень петрушки, морковь.

■ Креветок очистите и нарежьте.

■ Вареный картофель и огурцы нарежьте ломтиками, соедините с зеленым горошком, креветками и частью майонеза.

■ Наполните тарталетки салатом, полейте оставшимся майонезом и оформите зеленью.

• Время приготовления 50 минут

БУЖЕНИНА С СОУСОМ

Чтобы всем хорошим было хорошо!

на 6 порций

- хлеб ржаной   12 ломтиков
- буженина   480 г
- соус хрен   240 г
- зелень укропа   8 веточек
- огурцы маринованные   2 шт.
- майонез   2 ст. ложки
- перец сладкий красный маринованный   2 шт.
- перец красный молотый   2 ч. ложки

■ Для начинки соус хрен с уксусом откиньте на сито и дайте стечь заливке. Соус заправьте майонезом, добавьте мелко рубленные укроп и огурцы, хорошо перемешайте.

■ Буженину нарежьте на 24 ломтика и разложите на них начинку. Края каждого ломтика соедините и скрепите шпажками.

■ Ломтики хлеба разрежьте пополам, уложите буженину и оформите полосками маринованного перца. Поперчите.

● Время приготовления 25 минут

РУЛЕТ МЯСНОЙ С ПЕРЦЕМ

на 16 порций

- фарш говяжий 400 г
- фарш свиной 400 г
- сыр 200 г
- перец сладкий разного цвета 2 шт.
- лук репчатый 1 головка
- чеснок 3 зубчика
- яйца 2 шт.
- масло растительное 2 ст. ложки
- зелень петрушки рубленая 2 ст. ложки
- вода 3 ст. ложки
- соль, перец черный молотый

■ Смешайте два вида фарша, добавьте зелень, яйца, соль, молотый перец и воду, взбейте массу.

■ Лук мелко порубите. Сладкий перец и сыр нарежьте мелкими кубиками.

■ Часть масла разогрейте, обжарьте лук, затем добавьте сладкий перец и жарьте, помешивая, 10 минут. Охладите и смешайте с сыром.

■ Мясную массу разложите в форме прямоугольника на смоченной водой салфетке. Сверху разложите овощи с сыром и сверните мясную массу рулетом. Уложите рулет, сняв салфетку, швом вниз на смазанный маслом противень и запекайте 1 час при 180 °C. Охладите.

■ Перед подачей нарежьте на порции, оформите сеточкой из майонеза. Отдельно подайте горчицу или соус хрен.

- Время приготовления 1 час 50 минут

ДВУХЦВЕТНОЕ ЗАЛИВНОЕ С ВЕТЧИНОЙ

на 5 порций

- ветчина   50 г
- бульон мясной   250 г
- майонез   100 г
- желатин   10 г
- огурцы маринованные   8 шт.
- яйца вареные   2 шт.
- соус томатный или кетчуп   1 ст. ложка
- зелень петрушки и базилика мелко рубленная   1 ч. ложка
- соль

■ Желатин замочите в шестикратном количестве холодной кипяченой воды на 40 минут, затем соедините с теплым бульоном, доведите до кипения и охладите до начала застуденевания.

■ В майонез добавьте приготовленное желе, взбейте. Полученную массу разделите пополам. Одну часть перемешайте с томатным соусом, другую — с зеленью. Посолите.

■ Майонез с зеленью выложите в форму, слегка смазанную растительным маслом, и охладите до застуденевания. Сверху разложите ломтики 1 яйца, нарезанную кубиками ветчину, 3–4 огурца, нарезанных кружочками. Залейте смесью майонеза с томатным соусом и дайте застыть.

■ Выложите заливное на блюдо, оформите ломтиками второго яйца и кружочками огурцов, уложенными веером.

• Время приготовления 50 минут •

РУЛЕТ ИЗ КУРИЦЫ ИЛИ ИНДЕЙКИ

на 10 порций

- курица или индейка 1 шт.
- грибы 400 г
- яйца 3 шт.
- молоко 2 ст. ложки
- зелень петрушки рубленая 3 ст. ложки
- масло сливочное 80 г
- сливы маринованные 150 г
- виноград маринованный 150 г
- огурцы или помидоры 150 г
- орех мускатный тертый
- листья зеленого салата
- соль, перец красный молотый

■ С птицы снимите кожу вместе с частью мякоти. Оставшуюся мякоть отделите от костей, слегка отбейте, посыпьте солью и специями. Из костей сварите бульон.

■ Из яиц, молока и зелени приготовьте омлет в виде тонкого блинчика.

■ Грибы порубите, обжарьте на масле.

■ На мякоть птицы выложите омлет, грибы, сверните ее в рулет, перевяжите шпагатом и варите в приготовленном бульоне при слабом кипении 1,5–2 часа.

■ Охладите в бульоне, затем положите под легкий пресс и поставьте на холод.

■ Уложив на листья салата, подавайте рулет с овощами, фруктами, зеленью.

● Время приготовления 1 час 20 минут

ЗАВИТКИ ИЗ ВЕТЧИНЫ С БАНАНАМИ

на 4 порции
- ветчина   8 ломтиков
- бананы   2 шт.
- сметана густая   250 г
- корень хрена   40 г
- сок ½ лимона
- сахар   1 ч. ложка
- соль

■ Хрен натрите, добавьте несколько капель лимонного сока, соль, сахар и осторожно перемешайте со взбитой сметаной, часть которой оставьте для оформления.

■ Ломтики ветчины смажьте приготовленной массой и заверните в них по четвертинке очищенных бананов. Оформите завитки оставшейся взбитой сметаной.

Время приготовления 30 минут

на 10 порций
- ветчина   400 г
- сыр   350 г
- масло сливочное   1 ст. ложка
- зелень петрушки и укропа

Приветик! Не желаете рулетик?

РУЛЕТИКИ С СЫРОМ

■ Ветчину и большую часть сыра нарежьте тонкими широкими ломтиками. Оставшийся сыр натрите на мелкой терке.

■ На ломтики ветчины разложите ломтики сыра, сверните рулетики, скрепите деревянными шпажками.

■ Уложите рулетики на смазанный маслом противень, посыпьте тертым сыром и запеките до образования золотистой корочки.

■ Подавайте, оформив зеленью.

■ Рулетики можно уложить на ломтики хлеба.

• Время приготовления 35 минут

МЕДАЛЬОНЧИКИ ИЗ ВЕТЧИНЫ

на 8 порций
- ветчина 250 г
- масло сливочное 200 г
- сливки взбитые 300 г
- яйца вареные 5 шт.
- яблоки 3 шт.
- соус хрен 4 ст. ложки
- зелень укропа или петрушки

■ Ветчину измельчите, взбейте миксером с маслом, затем перемешайте со сливками до образования пены.

■ Яичные желтки измельчите и перемешайте с соусом.

■ Яблоки нарежьте круглыми ломтиками, предварительно удалив сердцевину, смажьте смешанным с желтками соусом, посыпьте тертыми яичными белками (часть оставьте для оформления) и выпустите на них из корнетика или кондитерского шприца с рифленой насадкой взбитую массу.

■ Оформите яичными белками и зеленью.

● Время приготовления 45 минут

ВЕТЧИНА В СЫРЕ

Не все сыру в масле кататься

на 6 порций
- ветчина брусочком 300 г
- сыр твердый 400 г
- желатин 20 г
- вода 50 г
- зелень укропа или петрушки 150 г

■ Желатин залейте холодной кипяченой водой, дайте набухнуть. Распустите на водяной бане.

■ Сыр натрите на мелкой терке, добавьте мелко рубленную зелень и желатин. Массу перемешайте и выложите на пергамент, сверху положите брусок ветчины. Края сырной массы плотно соедините, оберните ветчину в сыре пергаментом. Поставьте в холодильник на 2 часа.

■ Перед подачей нарежьте ломтиками и оформите зеленью.

● Время приготовления 2 часа 40 минут

МЯСНОЕ СУФЛЕ

на 8 порций

- мякоть говядины   500 г
- мякоть свинины   500 г
- молоко   1 стакан
- лук репчатый   2 головки
- грудинка копченая   50 г
- мука пшеничная   2 ст. ложки
- яйца   11 шт.
- масло растительное   2 ст. ложки
- соль, перец черный молотый

■ Мясо пропустите через мясорубку, залейте молоком и оставьте на 1 час.

■ Добавьте пассерованный на масле лук, мелко нарезанную копченую грудинку, муку, 3 сырых яйца, соль, перец и перемешайте.

■ В смазанную маслом форму положите половину мясной массы, поставьте 8 сваренных вкрутую яиц, закройте оставшейся массой.

■ Форму поставьте на противень с водой и запекайте суфле 1 час.

■ Готовое суфле выньте из формы, нарежьте на порции, оформите зеленью.

Суфле как кулинарный термин – это «пенообразное состояние»

• Время приготовления 2 часа 20 минут

РУЛЕТ ИЗ СВИНИНЫ СО ШПИКОМ

на 10–12 порций

- мякоть свинины 1 кг
- шпик копченый 200 г
- перец сладкий разного цвета 2 шт.
- лук репчатый 1 головка
- морковь 1 шт.
- корень петрушки 1 шт.
- зелень петрушки 1 пучок
- хмели-сунели 1 ч. ложка
- соль

■ Свинину надрежьте по горизонтали, разверните как книжку и хорошо отбейте.

■ Шпик нарежьте брусочками, перец — мелкими кубиками. Зелень мелко порубите.

■ Свинину посыпьте солью, хмели-сунели и ½ зелени. Разложите сладкий перец, шпик, посыпьте зеленью. Скатайте рулет, перевяжите его шпагатом.

■ На дно жаровни уложите ломтики моркови, лука и корня петрушки, затем — рулет. Подлейте горячей воды и тушите в духовке до готовности. Охладите под легким гнетом.

■ При подаче нарежьте рулет ломтиками, удалив шпагат. Гарнируйте овощами.

• Время приготовления 2 часа 15 минут

РУЛЕТИКИ ИЗ ОКОРОКА

Больше азарта — больше шпажек!

на 4–6 порций
- окорок копченый нежирный 225 г
- соус хрен 2 ст. ложки
- огурцы маринованные 3 шт.
- майонез 30 г
- зелень

■ Окорок нарежьте тонкими широкими ломтиками, огурцы — тонкими дольками.

■ Смажьте ломтики окорока хреном, положите на каждый по дольке огурца, сверните рулетики и скрепите их шпажками.

■ Выложите рулетики на блюдо. Оформите сеточкой из майонеза и зеленью.

• Время приготовления 20 минут

Телятину можно заменить постной свининой. Нежное мясо в рулетиках — настоящий деликатес!

на 6–8 порций

- мякоть телятины   650 г
- язык говяжий копченый или мясо копченое   300 г
- шпик   300 г
- орех мускатный тертый   ½ ч. ложки
- соль, перец черный молотый

■ Телятину отбейте до толщины 1–1,5 см, натрите смесью мускатного ореха, перца и соли. Заверните в нее копченый язык, обернутый тонко отбитыми ломтиками шпика.

■ Рулет заверните в фольгу, перевяжите ниткой и запекайте в духовке 40 минут при 270 °C, затем уменьшите нагрев и доведите рулет до готовности.

■ Готовый рулет охладите и выдержите под грузом 6 часов при 6–8 °C. При подаче нарежьте ломтиками, уложите на блюдо и гарнируйте свежими или консервированными овощами.

РУЛЕТ ДЕЛИКАТЕСНЫЙ

- Время приготовления 1 час плюс охлаждение

ТАРТАЛЕТКИ С СЫРОМ И БЕКОНОМ

на 10 порций
- тарталетки готовые 30 шт.

для начинки:
- сыр твердый 150 г
- бекон 100 г
- помидор 1 шт.
- яйцо 1 шт.
- майонез 5 ст. ложек
- семена тмина 1 ч. ложка
- перец острый молотый
- зелень

■ Нарежьте мелкими кубиками сыр, бекон и помидор. Взбейте яйцо с майонезом, тмином и перцем, соедините с нарезанными ингредиентами начинки.

■ Разложите начинку в тарталетки, поместите их на застеленный пергаментом противень и запекайте при 180 °C около 15 минут.

■ Тарталетки можно подавать и горячими, и холодными, оформив зеленью.

Тарталетки едят вместе с начинкой!

Время приготовления 45 минут

БУЛОЧКИ С КОЛБАСКАМИ

на 4 порции
- тесто слоеное   500 г
- колбаски копченые   8 шт.
- масло сливочное   1 ст. ложка
- паштет печеночный   150 г
- горчица   2 ст. ложки

■ Колбаски ошпарьте, очистите от оболочки, нарежьте длинными кусочками и слегка обжарьте на масле.

■ Тесто тонко раскатайте, нарежьте полосками шириной 3×7 см. Смажьте полоски паштетом, смешанным с горчицей, положите на край каждой кусочек колбаски и сверните рулетики.

■ Уложите рулетики швом вниз на смоченный водой противень и выпекайте при 210 °С 10 минут.

Хватит кормить сказками! Желаем булочек с колбасками!

Время приготовления 50 минут

на 6 порций

- мякоть вареной курицы   500 г

для желе:
- бульон куриный   400 г
- желатин   25 г
- вода   100 г

для паштета:
- мякоть жареной курицы   150 г
- масло сливочное   50 г
- орех мускатный молотый
- соль, перец черный молотый

■ Замочите желатин в холодной воде, затем соедините его с теплым бульоном и доведите смесь до кипения. Охладите. Налейте желе слоем 5 мм в круглое глубокое блюдо и охлаждайте до застуднения.

■ Для паштета мякоть жареной курицы пропустите 2 раза через мясорубку, добавьте сливочное масло, соль, перец, мускатный орех. Массу хорошо взбейте.

■ Мякоть вареной курицы нарежьте тонкими ломтиками и уложите на слой желе.

■ На каждый ломтик отсадите с помощью корнетика паштет, оформите нарезанным дольками помидором и зеленью. Залейте оставшимся желе и поставьте в холодильник.

Мускатный орех придает любому блюду экзотически-эротическую ноту

ЗАЛИВНОЕ ИЗ КУРИЦЫ

● Время приготовления 40 минут плюс охлаждение

ЦЫПЛЕНОК В ЖЕЛЕ

Заливное — ...ско-французское блюдо. ...о появилось на русском ...одном столе в XIX веке

на 2 порции
- филе цыпленка   2 шт.
- масло сливочное   5 г
- желатин   1 ст. ложка
- бульон куриный   300 г
- соль

■ Огурцы очистите от кожицы и семян, нарежьте соломкой.

■ Филе цыпленка посолите, обжарьте на масле до готовности и охладите.

■ Для желе замочите желатин в холодной кипяченой воде; когда крупинки набухнут, слейте лишнюю воду и соедините с теплым бульоном. Доведите смесь до кипения, процедите и охладите.

■ Филе уложите в форму, оформите перцем, огурцами и зеленью, залейте готовым желе в три приема и охлаждайте до застуднения.

● Время приготовления 40 минут плюс охлаждение ●

ЗАЛИВНОЕ С ЦЫПЛЯТАМИ

на 6 порций
- цыплята 2 шт.
- кубик бульонный куриный 1 шт.
- вода 2 стакана
- желатин 1 ст. ложка
- майонез 1 стакан

> На заливное подберите упитанных цыплят

■ Тушки цыплят разрубите на шесть частей, залейте горячей водой, добавьте бульонный кубик, накройте крышкой и варите на слабом огне 30 минут. Выложите, охладите и удалите кожицу. Уложите кусочки на блюдо.

■ Приготовьте желе (см. с. 95).

■ Желе слегка охладите и смешайте с майонезом.

■ На каждый кусок цыпленка выложите по 1 столовой ложке желе. Подождите, пока оно застынет, затем еще раз покройте желе.

■ Оформите листьями салата и оливками, нарезанными дольками или кружочками.

• Время приготовления 40 минут плюс охлаждение •

на 4 порции
- филе вареной индейки 500 г
- паштет печеночный 100 г
- мандарины консервированные 200 г
- желатин 1 ст. ложка

■ Нарежьте грудку индейки тонкими ломтиками.

■ Смажьте каждый ломтик паштетом.

■ Выложите ½ мандаринов и ломтиков индейки на дно неглубокого противня.

■ Приготовьте желе (см. с. 95).

■ Залейте индейку с мандаринами небольшим количеством слегка охлажденного желе и поставьте в холодильник.

■ Когда желе застынет, вылейте на него остаток желе, перемешанный с оставшимся мясом индейки и мандаринами. Охлаждайте до застуднения.

■ Выложите готовое желе на блюдо. Оформите дольками огурца и зеленью.

Кухня «фьюжн» отвечает требованиям гурманов: разнообразие вкусовых оттенков доставляет истинное удовольствие!

ЖЕЛЕ С ИНДЕЙКОЙ

- Время приготовления 30 минут плюс охлаждение

КУРИЦА ПОД МАЙОНЕЗОМ

на 12 порций
- мякоть вареной курицы   600 г
- майонез   600 г
- желатин   12 г
- укроп   1 пучок
- орех мускатный молотый   ½ ч. ложки

■ Желатин залейте холодной кипяченой водой. Набухший желатин переложите на сито, дайте стечь излишкам воды, затем растопите на водяной бане.

■ Распущенный желатин соедините с майонезом. Треть смеси выложите в прямоугольный лоток равномерным слоем. Охладите.

■ На слой желатина с майонезом уложите мякоть курицы, нарезанную тонкими ломтиками, посыпьте мускатным орехом и рубленым укропом. Залейте оставшейся смесью. Охладите.

■ Перед подачей нарежьте квадратами и оформите по желанию.

Расцветают в парке липы – это повод, чтобы выпить!

■ Время приготовления 40 минут плюс охлаждение

ПЕРСИКИ ФАРШИРОВАННЫЕ

Желаю море удачи и дачу у моря!

на 6 порций

- персики консервированные 12 шт.
- филе курицы 200 г
- сыр плавленый мягкий 100 г
- масло сливочное 2 ст. ложки
- майонез 2 ст. ложки
- паприка молотая ¼ ч. ложки

■ Слейте сироп с персиков, обсушите их и разрежьте пополам.

■ Филе курицы нарежьте соломкой и обжарьте на масле под крышкой, посолите. Охладите.

■ Курицу, сыр, паприку и майонез перемешайте.

■ Нафаршируйте персики, оформите листиками петрушки.

• Время приготовления 40 минут

СЫР ИЗ ПТИЦЫ

на 2 порции

- мякоть жареной птицы   100 г
- сыр твердый тертый   60 г
- бульон   2 ст. ложки
- масло сливочное   50 г
- вино красное типа мадеры   1 ст. ложка
- мука   20 г
- корзиночки песочные готовые   4 шт.
- орех мускатный
- соль, перец черный молотый

А заменю-ка я твердый сыр творожным!

■ Для соуса подсушите муку, помешивая, до золотистого цвета, охладите и разведите водой до однородной консистенции.

■ Мякоть жареной птицы пропустите через мясорубку с частой решеткой 2 раза.

■ В фарш добавьте соус, тертый сыр и хорошо перемешайте. Затем добавьте размягченное сливочное масло, бульон и взбивайте фарш до получения пышной однородной массы. В конце приготовления введите вино, соль, перец и тертый мускатный орех.

■ Сыр подавайте в корзиночках из песочного теста.

Время приготовления 50 минут

АРОМАТНЫЕ КУРИНЫЕ КРЫЛЫШКИ

на 6 порций
- крылышки куриные 18 шт.
- майонез 100 г
- мед 1 ст. ложка
- аджика 1 ст. ложка
- куркума молотая 1 ч. ложка
- сок 1 лимона
- зелень укропа или петрушки

■ Крылышки промойте, обсушите и разрежьте по суставу.

■ Смешайте лимонный сок с куркумой, аджикой, медом и майонезом.

■ Залейте крылышки полученной смесью и маринуйте на холоде не менее 4 часов.

■ Подготовленные крылышки уложите на смазанный маргарином противень и запекайте в духовке при 220 °С до образования румяной корочки.

■ Можно подавать крылышки как горячими, так и холодными, оформив зеленью.

- Время приготовления 4 часа 30 минут

ГРИБНАЯ ПОЛЯНКА

на 6 порций

- грибы маринованные (шампиньоны, маслята, белые и др.) 24 шт.
- огурец длинный 1 шт.
- сыр 100 г
- яйца вареные 2 шт.
- ветчина 60 г
- майонез 3 ст. ложки
- чеснок 2 зубчика
- зелень укропа и петрушки

■ Ветчину мелко нарежьте, соедините с рублеными яйцами, тертым сыром, измельченным чесноком и майонезом, хорошо перемешайте и сформуйте небольшие шарики.

■ Огурец нарежьте кружочками, уложите на них сырные шарики и накройте шляпками грибов.

■ Блюдо обильно посыпьте рубленой зеленью и разместите «грибочки».

• Время приготовления 20 минут

на 24 штуки

- листья зеленого салата или шпината   20 шт.
- сыр рокфор   100 г
- сметана густая   100 г
- орехи грецкие   50 г
- желатин   2 г
- огурцы   2 шт.
- лук-резанец   ½ пучка
- масло растительное   1 ч. ложка
- уксус 3%-й   1 ч. ложка
- соль, перец черный молотый

■ Орехи порубите, оставив несколько половинок для оформления, смешайте с размятым сыром и сметаной, посолите, поперчите, добавьте нашинкованный лук-резанец.

■ Желатин замочите в холодной кипяченой воде на 40 минут, затем распустите на слабом огне и перемешайте с сырной массой до кремообразной консистенции.

■ 12 листьев салата или шпината смажьте полученной массой, сверните рулетиками и выдержите в холодильнике 3 часа.

■ Огурцы нарежьте кружочками, выложите на них нарезанные ломтиками рулетики, скрепите шпажками и украсьте половинками ядер орехов.

■ Оставшиеся листья салата разложите на тарелки, сбрызните маслом и уксусом, посолите, поперчите. Сверху уложите рулетики.

РУЛЕТИКИ ИЗ САЛАТА С СЫРОМ

Шпинат — это сильный афродизиак. Он полезен представителям сильного пола!

- Время приготовления 40 минут плюс охлаждение

ЗАПЕЧЕННЫЕ ОЛИВКИ

на 10 порций

- тесто слоеное   400 г
- оливки без косточек   40 шт.
- миндаль   20 шт.
- перец сладкий красный   1 шт.
- зелень укропа или петрушки

Замените часть оливок черносливом без косточек — вот вам и новое блюдо!

■ Тесто тонко раскатайте и нарежьте небольшими полосками.

■ Половину оливок начините миндалем, остальные — кусочками перца.

■ На полоску теста поместите фаршированную оливку. Края полоски соедините над оливкой так, чтобы один край заходил на другой, и сколите деревянной шпажкой.

■ Запеките в духовке до золотистого цвета. При подаче оформите зеленью.

• Время приготовления 20 минут

на 4 порции

- яйца   2 шт.
- фарш мясной   200 г
- огурец   20 г
- редис   10 г
- черемша рубленая   3 г
- масло растительное   1 ст. ложка
- крахмал кукурузный   1 ч. ложка
- приправа вегета   ¼ ч. ложки
- соль
- зелень

Не путайте вегету с вендеттой

■ Яйца взбейте до однородной консистенции, добавив щепотку соли. Из яичной массы на смазанной маслом сковороде испеките тонкие блинчики.

■ В фарш добавьте черемшу, приправу, соль и перемешайте до получения однородной массы.

■ Яичные блинчики выложите на разделочную доску, посыпьте крахмалом. На блинчики ровным слоем уложите фарш и сверните их рулетиками, которые затем готовьте на водяной бане 15 минут.

■ Остывшие рулеты нарежьте ломтиками толщиной 1 см. При подаче оформите зеленью и свежими овощами.

● Время приготовления 40 минут

ЯИЧНЫЕ РУЛЕТЫ

ПЕЧЕНЫЙ МОЛОДОЙ КАРТОФЕЛЬ

на 12 порций

- картофель мелкий   24 шт.

для соуса:

- сметана   1 стакан
- лук зеленый мелко нарезанный   2 ст. ложки
- горчица готовая   2 ч. ложки
- чеснок   1 зубчик
- перец красный маринованный   3 шт.

■ Картофель промойте и запеките в духовке или в микроволновой печи.

■ Сметану, лук, измельченный чеснок, горчицу хорошо перемешайте.

■ Сделайте крестообразный надрез на каждой картофелине, слегка приоткройте его и заполните соусом. Сверху разложите мелко нарезанный перец и оформите зеленью.

■ Подавайте как горячим, так и холодным.

Картофель сажайте только в горячую духовку

● Время приготовления 35 минут

СОЛЕНЫЕ КАРТОФЕЛЬНЫЕ ПАЛОЧКИ

Если брынза слишком соленая, вымочите ее в молоке

на 6 порций
- картофель вареный   500 г
- мука   500 г
- брынза   250 г
- масло сливочное   250 г
- белки яичные   2 шт.
- семена тмина   1 ч. ложка
- соль   ½ ч. ложки
- соус грибной готовый или кетчуп   300 г

- Время приготовления 55 минут

■ Картофель сварите, протрите горячим. Соедините с маслом, солью, тертой брынзой и мукой. Замесите тесто, раскатайте его в пласт толщиной 0,5 см, нарежьте палочками длиной 8 см, смажьте слегка взбитыми яичными белками и посыпьте тмином.

■ Выпекайте палочки на смазанном маслом противне.

■ При подаче уложите горкой, отдельно подайте грибной соус или кетчуп.

на 12 порций

- фарш говяжий 700 г
- шпик 100 г
- яйцо 1 шт.
- чеснок 2 зубчика
- лук репчатый 1 головка
- молоко 2 ст. ложки
- оливки, фаршированные перцем 24 шт.
- масло растительное
- соус соевый ½ ч. ложки
- зелень базилика рубленая 2 ст. ложки
- перец черный молотый

для томатного соуса:

- вино красное сухое 1½ стакана
- чеснок 1 зубчик
- томат-пюре 1 стакан
- горчица 1 ст. ложка
- масло сливочное 2 ст. ложки
- зелень

ТЕФТЕЛИ ПИКАНТНЫЕ

■ Мелко нарежьте или пропустите через мясорубку шпик и лук, смешайте с фаршем, рубленым чесноком, солью, перцем, соевым соусом, зеленью и молоком. Массу взбейте. Сформуйте тефтели величиной с грецкий орех, в середину каждой вложите по оливке.

■ Обжарьте тефтели на масле до образования корочки, затем прогрейте в духовке.

■ Вино с рубленым чесноком уварите до половины объема, добавьте томат-пюре, горчицу и проварите, помешивая, до загустения. Положите масло и перемешайте.

■ Тефтели уложите горкой на блюдо, оформите зеленью. Отдельно подайте соус.

• Время приготовления 1 час 10 минут

ХРУСТЯЩИЕ МЯСНЫЕ ШАРИКИ

Наш ответ «Рафаэлло»!

на 16 порций

- фарш мясной 100 г
- лук репчатый 1 головка
- чеснок 2 зубчика
- яйцо 1 шт.
- вода 2 ст. ложки
- батон черствый 50 г
- сыр твердый 160 г
- хлопья кукурузные 100 г
- масло топленое 2 ст. ложки
- соль, перец черный молотый
- овощи свежие

■ Батон замочите в воде, смешайте с фаршем, рубленым луком и чесноком. Пропустите через мясорубку, добавьте соль, перец, яйцо и взбейте. Сформуйте шарики величиной с грецкий орех.

■ Сыр нарежьте небольшими кубиками и вдавите их в мясные шарики.

■ Хлопья раскрошите, запаруйте в них шарики и обжарьте на масле до образования золотистой корочки. Прогрейте в духовке 5–7 минут.

■ При подаче нанижите кусочки овощей и шарики на шпажки для бутербродов.

● Время приготовления 50 минут

ЯЙЦА ФАРШИРОВАННЫЕ

на 2 порции

- яйца вареные 3 шт.
- лосось консервированный 80 г
- масло сливочное 30 г
- перец красный молотый
- икра рыбная 1 ст. ложка
- зелень укропа
- паштет из куриной печени 60 г
- орех мускатный
- оливки 4 шт.
- корнишоны 1 ст. ложки
- листья зеленого салата

■ Яйца разрежьте пополам, извлеките желтки.

■ Часть желтков разотрите с лососем и маслом, заправьте красным перцем, хорошо взбейте и наполните три половинки белков. Оформите икрой и зеленью.

■ Оставшиеся желтки разотрите с паштетом и мускатным орехом. Зафаршируйте еще три яичных белка и оформите их оливками и корнишонами.

■ Фаршированные яйца подавайте на листьях зеленого салата.

• Время приготовления 20 минут

на 2 порции
- помидоры 2–4 шт.
- сыр твердый или брынза 80 г
- чеснок 1 зубчик
- перец сладкий 1 шт.
- майонез 70 г
- соль
- листья зеленого салата

■ Помидоры промойте, срежьте верхнюю часть и удалите перегородки с семенами. Сыр натрите на терке, часть оставьте для оформления, а к остальному добавьте рубленый чеснок, мелко нарезанный сладкий перец, заправьте майонезом и перемешайте.

■ Подготовленные помидоры посолите изнутри и наполните приготовленным фаршем.

■ Блюдо выстелите листьями зеленого салата, затем выложите помидоры и посыпьте их тертым сыром.

• Время приготовления 20 минут

Лично я предпочитаю брынзу!

ПОМИДОРЫ С СЫРОМ

ЗАКУСКИ НА ШПАЖКАХ

Это несложные закуски, не требующие больших затрат времени на приготовление. Для них подходят различные комбинации из сыра, свежих или консервированных овощей, мясных или рыбных продуктов. Для этой цели не годятся рассыпчатые продукты.

Для скрепления используют палочки из дерева, пластмассы или металла, которые при подаче можно воткнуть в кусочки батона или свежего огурца.

У вас обязательно получится. Стоит только захотеть...

Варианты закусок:

■ Половинка редиски, ломтик ветчины, смазанный горчицей, кружок соленого огурца.

■ Кубик сыра, маслина, ломтик копченой колбасы, мелкий помидор.

■ Лук-шалот, кусочек сельди, кружок редиски, свежий огурец.

■ Кубик сыра, креветка, лимон, оливка, фаршированная перцем.

■ Кубик сыра, маринованный гриб, ломтик балыка, свежий помидор, ломтик лимона.

• Время приготовления 15 минут

ЩИ ЛЕНИВЫЕ

Отец родной надоест, а щи не надоедят

на 8 порций
- капуста ½ кочана
- вода 3 л
- грибы сушеные 2 ст. ложки
- картофель 5 шт.
- лук репчатый 1 головка
- корень петрушки 1 шт.
- морковь 1 шт.
- томатная паста 2 ст. ложки
- масло растительное 6 ст. ложек
- мука пшеничная 2 ст. ложки
- лавровый лист, соль

■ Грибы замочите в холодной воде на 3 часа. Набухшие грибы промойте. Воду, в которой они замачивались, процедите; варите грибы без соли до готовности.

■ Капусту нарежьте квадратиками, картофель — крупными кубиками, залейте грибным отваром, добавьте нашинкованные соломкой коренья и варите до полуготовности.

■ Томатную пасту обжарьте на масле с нарезанным кубиками луком и мукой при помешивании, остудите и разведите холодным грибным отваром. Добавьте нашинкованные и обжаренные на масле грибы, лавровый лист, посолите и варите еще 10 минут.

■ При подаче посыпьте рубленой зеленью.

• Время приготовления 40 минут

БОРЩ

на 6 порций

- говядина   300 г
- свекла   300 г
- капуста белокочанная   400 г
- картофель   500 г
- морковь   100 г
- корни петрушки   2 шт.
- лук репчатый   2 головки
- чеснок   3 зубчика
- масло топленое   2 ст. ложки
- шпик   50 г
- перец сладкий   1 шт.
- лавровый лист   1 шт.
- соль, перец черный молотый
- сметана   150 г

■ Мясо отварите в 3 л воды, добавив соль и перец горошком.

■ Свеклу, коренья, капусту и лук нарежьте соломкой, картофель — дольками.

■ Свеклу обжарьте на части масла, сбрызните 3%-м уксусом (1 столовая ложка) и тушите до готовности в небольшом количестве бульона, добавив сахар (1 столовая ложка) и томатную пасту (2 столовые ложки). Коренья спассеруйте на оставшемся масле.

■ Бульон процедите, мясо нарежьте кубиками и положите во вновь закипевший бульон вместе с картофелем и капустой, варите 15 минут. После этого добавьте свеклу, пассерованные овощи, сладкий перец, нарезанный соломкой, специи и варите еще 15 минут. Заправьте чесноком, растертым с мелко нарезанным шпиком, доведите до кипения. Дайте борщу настояться 20 минут.

■ Подавайте борщ со сметаной и зеленью.

Время приготовления 2 часа 30 минут

ЩИ С РЫБОЙ

Еще щи готовят из зелени крапивы

на 2 порции

- капуста белокочанная 300 г
- филе рыбы 300 г
- морковь 1 шт.
- корень петрушки 1 шт.
- корень сельдерея ½ шт.
- лук репчатый 1 головка
- мука пшеничная 2 ст. ложки
- вода 2 л
- масло растительное 3 ст. ложки
- перец горошком, лавровый лист
- соль, перец черный молотый

■ Коренья и лук крупно нарежьте, залейте водой и варите 20 минут, затем отвар процедите.

■ Филе рыбы нарежьте по 2—3 куска на порцию, посолите, поперчите, обваляйте в муке и обжарьте на масле.

■ Капусту нашинкуйте соломкой, положите в кипящий отвар, посолите, добавьте перец горошком, лавровый лист, рыбу и варите 10 минут.

■ При подаче посыпьте рубленой зеленью.

• Время приготовления 35 минут

ЩИ КИСЛЫЕ С ГРИБАМИ

на 4 порции
- капуста квашеная 1 кг
- морковь 1 шт.
- лук репчатый 2 головки
- грибы 250 г
- корни петрушки 2 шт.
- корень сельдерея 1 шт.
- мука пшеничная 1 ст. ложка
- сахар, соль

■ Капусту тушите до мягкости с добавлением воды, мелко нарезанного лука и нашинкованной соломкой моркови.

■ Грибы сварите, откиньте на сито, нарежьте ломтиками. Грибной отвар процедите, добавьте капусту, грибы, нарезанные соломкой коренья петрушки и сельдерея.

■ Муку подсушите, разведите грибным отваром, непрерывно перемешивая, до сметанообразной консистенции. Введите мучную заправку в щи. Приправьте солью, сахаром, доведите до кипения, снимите с огня и дайте настояться. При подаче посыпьте мелко рубленной зеленью.

• Время приготовления 1 час •

РАССОЛЬНИК

Хороши к рассольнику ватрушки!

на 4 порции

- картофель   300 г
- лук репчатый   70 г
- огурцы соленые   80 г
- маргарин   50 г
- бульон   700 г
- морковь   50 г
- лавровый лист
- соль, перец черный молотый
- сметана   20 г

● Время приготовления 50 минут

■ Огурцы нарежьте соломкой, припускайте в небольшом количестве бульона 15 минут. Морковь и лук нарежьте соломкой, спассеруйте на маргарине без изменения цвета. Картофель нарежьте брусочками.

■ В кипящий бульон положите картофель, доведите до кипения, добавьте пассерованные морковь и лук, через 10 минут введите огурцы, доведите до готовности. Заправьте прокипяченным огуречным рассолом, солью и пряностями.

■ Подавайте со сметаной, посыпав рубленой зеленью.

СОЛЯНКА

на 4 порции
- бульон рыбный   1 л
- филе рыбы   300 г
- томатное пюре   2 ч. ложки
- грибы белые маринованные   3 шт.
- огурцы соленые   2 шт.
- лук репчатый   1 головка
- масло растительное   2 ст. ложки
- рассол огуречный   2 стакана
- перец горошком
- лавровый лист
- соль
- лимон   1 шт.
- маслины

■ Лук мелко порубите и обжарьте на масле до золотистого цвета.

■ Бульон с рассолом доведите до кипения.

■ Грибы и маслины нашинкуйте, добавьте в бульон и доведите до кипения.

■ Рыбу нарежьте кусками, припустите с маслом, томатным пюре и очищенными от кожицы огурцами; положите в бульон и варите на слабом огне до готовности.

■ За 3 минуты до готовности добавьте лук, лавровый лист, перец и соль.

■ При подаче положите в тарелки по кусочку рыбы, кружочку лимона, рубленую зелень, маслины и залейте бульоном.

Время приготовления 50 минут

СУП «МИНЕСТРА»

на 3 порции

- бекон 50 г
- лук репчатый ½ головки
- морковь 1 шт.
- репа 1 шт.
- лук-порей 1 головка
- капуста белокочанная 30 г
- картофель 1 шт.
- зелень чабреца 10 г
- горошек зеленый консервированный 1 ст. ложка
- фасоль стручковая 10 шт.
- помидоры 2 шт.
- чеснок 3 зубчика
- рис 1 ч. ложка
- масло топленое 3 ст. ложки
- бульон 4 стакана
- лавровый лист
- сыр твердый 15 г
- соль

■ Постную часть бекона нарежьте кубиками и обжарьте с нашинкованным репчатым луком до золотистого цвета.

■ Капусту, морковь, репу, лук-порей, картофель нарежьте кубиками, добавьте чабрец и спассеруйте на оставшейся части масла.

■ Залейте бульоном, положите очищенные от кожицы и нарезанные ломтиками помидоры, горошек, нарезанную фасоль и варите на слабом огне 10 минут.

■ Положите предварительно отваренный рис, соль, лавровый лист и доведите до кипения.

■ Оставшуюся жирную часть бекона нарежьте кубиками, разотрите вместе с чесноком и заправьте суп.

■ Отдельно подайте тертый сыр.

■ Время приготовления 50 минут

Этот суп итальянцы едят на ужин

СУП КАРТОФЕЛЬНЫЙ С ГРИБАМИ

Кто картошку копать, кто грибы собирать, вместе – суп есть!

на 4 порции
- грибы белые   250 г
- картофель   300 г
- лук репчатый   80 г
- масло растительное   50 г
- вода   800 г
- перец горошком
- соль
- сметана   40 г

■ Грибы промойте. Ножки порубите и обжарьте на масле. Отдельно обжарьте мелко нарезанный лук.

■ Шляпки грибов нарежьте ломтиками, залейте горячей водой и варите 40 минут.

■ В грибной отвар добавьте нарезанный брусочками картофель, обжаренные ножки грибов и лук, специи. Варите до готовности.

■ При подаче заправьте суп сметаной и рубленой зеленью.

● Время приготовления 1 час 20 минут

СУП С РЫБНЫМИ ФРИКАДЕЛЬКАМИ

на 4 порции

- картофель   400 г
- морковь   50 г
- лук репчатый   50 г
- масло растительное   25 г
- бульон или вода   800 г
- перец черный горошком и молотый
- соль
- лавровый лист

для фрикаделек:
- филе морского окуня   200 г
- яйцо   ½ шт.
- лук репчатый   50 г

■ Филе пропустите через мясорубку вместе с луком, добавьте яйцо, соль, молотый перец и перемешайте. Сформуйте небольшие шарики, припустите в бульоне до готовности.

■ Морковь и лук нарежьте мелкими кубиками и обжарьте на масле.

■ В кипящий бульон положите нарезанный кубиками картофель, вновь доведите бульон до кипения. Добавьте обжаренные овощи, специи и варите суп до готовности.

■ Подавайте суп с рыбными фрикадельками и рубленой зеленью.

• Время приготовления 45 минут •

на 10 порций
- ветчина   250 г
- картофель   10 шт.
- кукуруза консервированная   300 г
- лук репчатый   2 головки
- морковь   1 шт.
- корень сельдерея   1 шт.
- бульон   3 л
- масло сливочное   2 ст. ложки
- лавровый лист
- соль, перец черный молотый
- яйца вареные   5 шт.

СУП КАРТОФЕЛЬНЫЙ С КУКУРУЗОЙ

■ Картофель нарежьте кубиками, положите в кипящий бульон и доведите до кипения.

■ Морковь, лук, сельдерей и ветчину нарежьте соломкой. Овощи спассеруйте на масле, добавьте вместе с ветчиной в бульон и варите 10 минут. Посолите, поперчите.

■ Добавьте кукурузу и варите суп еще 5 минут.

■ При подаче положите в каждую тарелку половинку вареного яйца и посыпьте рубленой зеленью.

● Время приготовления 35 минут

СУП «КАЛОРИЙНЫЙ»

на 5 порций

- картофель 1 кг
- шпик копченый 100 г
- лук репчатый 1 головка
- сосиски 4 шт.
- сметана 4 ст. ложки
- бульон мясной 2 л
- орех мускатный тертый
- майоран сушеный молотый
- соль

■ Картофель нарежьте кубиками и варите в бульоне до размягчения.

■ Половину картофеля достаньте шумовкой и протрите.

■ Луковицу и шпик нарежьте кубиками, сосиски – кружочками. Обжарьте до золотистого цвета, добавьте в суп вместе с протертым картофелем и варите еще 5 минут.

■ Заправьте суп солью, сметаной, майораном и мускатным орехом. Дайте настояться 10 минут.

■ При подаче посыпьте рубленым зеленым луком.

Были супчики-голубчики, а вот – супец-молодец!

• Время приготовления 35 минут

СУП КАРТОФЕЛЬНЫЙ С ЛОСОСЕМ

на 4 порции

- филе копченого лосося   200 г
- сало копченое с прожилками мяса   100 г
- картофель   6 шт.
- лук репчатый   2 головки
- морковь   1 шт.
- бульон мясной   4 стакана
- сметана   4 ст. ложки
- соль, перец черный молотый

■ Лук мелко порубите. Морковь нарежьте соломкой.

■ Копченое сало нарежьте мелкими кубиками и обжарьте. Добавьте лук, морковь и жарьте 5 минут. Влейте бульон, доведите до кипения.

■ Картофель нарежьте кубиками, добавьте в кипящий бульон. Варите на слабом огне 10—15 минут. Приправьте солью и перцем.

■ Филе лосося нарежьте ломтиками. При подаче разлейте суп в тарелки, положите ломтики лосося и по 1 столовой ложке сметаны. Оформите зеленью.

• Время приготовления 50 минут

СУП С БОЛГАРСКИМ ПЕРЦЕМ

на 4 порции
- перец сладкий 5 шт.
- картофель 5 шт.
- масло растительное 4 ст. ложки
- вода 2 л
- лук зеленый 1 пучок
- соль, перец черный молотый

■ Картофель нарежьте кубиками. У болгарского перца удалите плодоножку с семенами и нарежьте его фигурно.

■ Картофель отварите в подсоленной воде, затем положите болгарский перец и проварите еще 5–10 минут. Добавьте масло, соль, перец, снимите с огня и дайте настояться 5–10 минут.

■ Подайте с рубленой зеленью.

- Время приготовления 45 минут

СУП С ЗЕЛЕНЫМ ГОРОШКОМ

на 4 порции
- вода   1,5 л
- картофель   300 г
- горошек зеленый   300 г
- морковь   1 шт.
- лук-порей   1 шт.
- соль

Позаботимся о фигуре!

■ Картофель нарежьте кубиками, морковь — ломтиками, лук-порей — кусочками. Овощи опустите в подсоленную кипящую воду, доведите до готовности, добавьте зеленый горошек и прокипятите.

■ При подаче оформите зеленым луком.

• Время приготовления 35 минут

Суп овощной с креветками

4 порции

- креветки варено-мороженые 500 г
- капуста белокочанная 200 г
- картофель 4 шт.
- морковь 1 шт.
- корень петрушки 1 шт.
- лук репчатый 1 головка
- горошек зеленый консервированный ½ стакана
- фасоль стручковая 100 г
- помидоры 2 шт.
- маргарин 2 ст. ложки
- бульон рыбный 1,5 л
- соль

■ Очистите креветок от панциря и отделите мякоть.

■ Нарежьте ломтиками морковь, корень петрушки, репчатый лук и обжарьте.

■ В кипящий бульон положите нашинкованную капусту, а когда бульон закипит снова, добавьте обжаренные овощи, нарезанный брусочками картофель и нарезанные стручки фасоли.

■ За 5—10 минут до окончания варки добавьте в суп нарезанные дольками помидоры, зеленый горошек и посолите.

■ В порционные тарелки положите мякоть вареных креветок, налейте суп, посыпьте рубленой зеленью.

- Время приготовления 45 минут

РИСОВЫЙ СУП С ОВОЩАМИ

Лук, морковь и петрушка – вегетарианская пирушка!

на 5 порций

- рис 100 г
- капуста белокочанная 200 г
- морковь 1 шт.
- картофель 3 шт.
- помидоры 2 шт.
- корень петрушки 1 шт.
- лук репчатый 1 головка
- масло растительное 2 ст. ложки
- вода 1,5 л
- соль

■ Лук, морковь и корень петрушки нарежьте кубиками и обжарьте на масле.

■ Влейте горячую воду, положите нарезанный кубиками картофель и нарезанную шашечками капусту, доведите до кипения.

■ Всыпьте рис и нарезанные кубиками помидоры, посолите и варите до готовности.

■ При подаче посыпьте рубленой зеленью.

• Время приготовления 35 минут

СУП-ХАРЧО ИЗ ОСЕТРИНЫ С ОРЕХАМИ

на 4 порции

- осетрина 500 г
- лук репчатый 5 головок
- морковь 1 шт.
- корни петрушки 2 шт.
- зелень петрушки 1 пучок
- томатное пюре 2 ст. ложки
- лавровый лист 1 шт.
- перец душистый горошком 3 шт.
- мука пшеничная 1 ст. ложка
- чеснок 3 зубчика
- семена кориандра ½ ч. ложки
- хмели-сунели 1 ч. ложка
- орехи грецкие 100 г
- помидоры 3 шт.
- перец жгучий ½ шт.
- соль

■ Осетрину целым куском залейте 1 литром воды и варите до полуготовности с добавлением 4 луковиц, корней петрушки и перца.

■ Рыбу выньте из бульона и нарежьте на маленькие кусочки. С поверхности бульона снимите жир и сложите в чистую кастрюлю, бульон процедите.

■ В кастрюлю с жиром добавьте нарезанный лук и пассеруйте 5–10 минут, добавьте томатное пюре и обжаривайте еще 5–7 минут. Всыпьте муку, перемешайте и тушите 5 минут, залейте процеженным бульоном.

■ Дайте бульону закипеть, опустите в него кусочки рыбы и кипятите еще 10 минут. Добавьте толченый чеснок, кориандр, рубленую зелень петрушки, хмели-сунели, жгучий перец, нарезанные помидоры, измельченные орехи и варите еще 10 минут.

- Время приготовления 55 минут

на 6 порций
- грудинка говяжья   1 кг
- помидоры   300 г
- лук репчатый   3–4 головки
- сок 1 лимона
- рис   ¾ стакана
- орехи грецкие рубленые   ½ стакана
- томатная паста   2 ст. ложки
- кинза и зелень петрушки   по 5 веточек
- лавровый лист   1 шт.
- чеснок   2–3 зубчика
- хмели-сунели   1 ст. ложка
- соль, перец жгучий

ХАРЧО ИЗ ГОВЯДИНЫ

■ Грудинку разрубите на кусочки и залейте 4 л горячей воды. Сварите до готовности при слабом кипении, снимая образующуюся пену и жир.

■ Лук порубите и спассеруйте с томатной пастой и лавровым листом на снятом при варке мяса жире.

■ За 20 минут до готовности мяса добавьте в бульон перебранный и промытый рис.

■ Помидоры очистите от кожицы, мелко нарежьте, соедините с рубленой зеленью, орехами, чесноком, специями и лимонным соком.

■ Добавьте в суп пассерованный с томатной пастой лук, доведите до кипения. Затем положите в суп подготовленные помидоры, вновь доведите до кипения и настаивайте 20 минут.

■ При подаче посыпьте рубленой зеленью.

• Время приготовления 2 часа

БОЗБАШ ИЗ БАРАНИНЫ

на 6 порций
- мякоть баранины   500 г
- жир бараний   50 г
- рис дробленый   1 ст. ложка
- лук репчатый   3 головки
- зелень петрушки, кинза   по 1 пучку
- шафран на кончике ножа
- соль, перец красный молотый

■ Мясо промойте, нарежьте кусочками по 30—40 г, обжарьте на жире, залейте 10 стаканами воды. Доведите воду до кипения, снимите пену, варите баранину при слабом кипении 30 минут. Положите мелко нарезанный лук, рис и варите на слабом огне до готовности. В конце приготовления добавьте перец, соль, шафран, рубленые кинзу и петрушку.

■ При подаче посыпьте зеленью.

По правилам, надо использовать баранью грудинку

• Время приготовления 50 минут

СУП-ЛАПША

на 8 порций
- морковь   100 г
- лук репчатый   1 головка
- масло сливочное   80 г
- бульон мясной, куриный или грибной   2 л
- соль, перец горошком

для лапши:
- желтки яичные   2 шт.
- мука пшеничная   1 стакан

■ Из яичных желтков и муки замесите тесто. Муку вводите постепенно — тесто должно быть густым и пластичным. Накройте тесто тканью на 30 минут. Затем раскатайте в тонкий пласт, нарежьте на полоски шириной 4 см и слегка подсушите. Сложите полоски друг на друга и нашинкуйте соломкой.

■ Морковь и лук нашинкуйте тонкой соломкой и обжарьте на масле без изменения цвета.

■ В кипящий бульон положите обжаренные овощи, доведите до кипения, добавьте лапшу, перец, соль и варите до готовности.

■ Чтобы сохранить прозрачность супа, лапшу, предварительно отсеяв муку, опустите на минуту в горячую воду, откиньте на сито, дайте стечь воде и только после этого закладывайте в бульон для варки.

• Время приготовления 50 минут

ВОСПНАПУР

на 4 порции
- мякоть говядины вареная   100 г
- чечевица   40 г
- картофель   2 шт.
- ядра грецких орехов   20 г
- лук репчатый   1 головка
- чернослив без косточек   5 шт.
- масло топленое   1 ст. ложка
- мука пассерованная   1 ч. ложка
- бульон   4 стакана
- соль, перец черный молотый

Время приготовления 45 минут

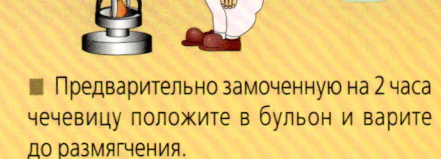

Армянская кухня. Вах!

■ Предварительно замоченную на 2 часа чечевицу положите в бульон и варите до размягчения.

■ Добавьте нарезанный кубиками картофель, пассерованный лук, муку, чернослив, протертые обжаренные орехи, соль и варите до готовности.

■ При подаче положите в тарелку кусок говядины, посыпьте рубленой зеленью и черным перцем.

СУП-ПЮРЕ ИЗ КРЕВЕТОК

4 порции

- креветки 500 г
- морковь 2 шт.
- лук репчатый 1 головка
- масло сливочное 3 ст. ложки
- мука пшеничная 2 ст. ложки
- молоко 1½ стакана
- желток яичный 1 шт.
- гренки 8 шт.

Муку можно заменить рисом или перловой крупой

■ Креветок вымойте, отварите в 1 л воды, очистите от панциря и нарежьте на кусочки.

■ Муку подсушите до светло-желтого цвета, охладите и разведите бульоном.

■ Обжарьте креветок вместе с нарезанными морковью и луком, припустите до готовности в бульоне и пропустите через мясорубку.

■ В массу добавьте бульон, в котором варились креветки, и протрите ее через сито, заправьте мукой и варите 10 минут.

■ Суп слегка охладите, добавьте яично-молочную смесь, для приготовления которой постепенно влейте в сырой желток горячее молоко и проварите на слабом огне до загустения, не доводя до кипения.

■ Подавайте суп с гренками.

• Время приготовления 35 минут

СУП-ПЮРЕ ИЗ ПЕЧЕНИ

на 4 порции
- печень говяжья 200 г
- морковь 1 шт.
- лук зеленый 60 г
- мука пшеничная 40 г
- масло сливочное 50 г
- молоко 300 г
- вода 700 г
- соль

■ Печень нарежьте мелкими кубиками, обжарьте вместе с мелко нарезанными морковью и луком и потушите до готовности в небольшом количестве воды. Затем протрите через сито.

■ Муку обжарьте с маслом до желтого цвета, слегка охладите и разведите молоком. Соедините с протертой печенью, разведите водой, посолите, доведите до кипения и варите 5—7 минут.

■ К супу можно подать гренки, нарезанные мелкими кубиками.

• Время приготовления 50 минут

КОНСОМЕ ПО-ГЕРМАНСКИ

на 2 порции

- бульон   3 стакана
- капуста белокочанная   100 г
- сосиски   50 г
- корень хрена тертый   1 ст. ложка
- соль

■ Для получения бульона приготовьте оттяжку. Говядину измельчите, добавьте соль, холодную воду (в два раза больше, чем мяса) и настаивайте в холодном месте 1—1½ часа.

■ В оттяжку добавьте взбитые яичные белки, подпеченные овощи и влейте ее в бульон.

■ Бульон доведите до кипения, нагрев уменьшите и варите без кипения 1 час, пока собравшаяся на поверхности пена не осядет на дно. Бульон процедите. Во время варки бульон не перемешивайте.

■ Капусту нарежьте соломкой, сварите.

■ Сосиски сварите и нарежьте кружочками.

■ В прозрачный бульон добавьте капусту, сосиски и хрен.

● Время приготовления 30 минут

БУЛЬОН С РЫБНЫМИ ГАЛУШКАМИ

на 5 порций
- филе форели 400 г
- лук репчатый 1 головка
- рис вареный 1 ст. ложка
- лавровый лист 1 шт.
- бульон рыбный 1,5 л
- соль, перец черный молотый

■ Филе пропустите через мясорубку, добавьте лук и еще раз пропустите. Посолите, поперчите, положите рис и перемешайте.

■ Сформуйте из полученной массы шарики величиной с грецкий орех и припустите их до готовности в малом количестве бульона с добавлением соли и пряностей.

■ При подаче положите в глубокую тарелку 5–6 галушек, залейте бульоном и посыпьте рубленой зеленью.

А в Канаде галушкам поставили памятник

Время приготовления 35 минут

ХОЛОДНЫЙ СУП ИЗ ЩАВЕЛЯ

на 4 порции
- щавель 200 г
- лук зеленый 70 г
- огурцы 150 г
- яйца 2 шт.
- сахар 10 г
- вода 800 г
- соль
- сметана 40 г

■ У щавеля удалите черенки и промойте его, затем сварите в небольшом количестве воды, протрите, добавьте горячую воду, соль, сахар, доведите до кипения, охладите.

■ Лук мелко нашинкуйте, огурцы нарежьте мелкими кубиками, яйца разрежьте пополам.

■ В тарелки разложите огурцы, яйца, зеленый лук и залейте супом. Подавайте со сметаной, посыпав рубленой зеленью укропа.

● Время приготовления 40 минут

СУП-ПЮРЕ ИЗ ЦВЕТНОЙ КАПУСТЫ

на 4 порции
- капуста цветная 300 г
- морковь 1 шт.
- лук репчатый 1 головка
- масло растительное 2 ст. ложки
- мука пшеничная 2 ст. ложки
- перец душистый горошком 5 шт.
- вода 1 л
- соль

■ Морковь и лук мелко нарежьте, потушите с 1 столовой ложкой масла и 5 столовыми ложками воды, пока вся жидкость не выпарится.

■ Цветную капусту залейте кипящей водой, отварите до мягкости, протрите вместе с тушеными овощами, добавьте муку, поджаренную на оставшемся масле до кремового цвета. Все перемешайте, постепенно вливая отвар, в котором варилась капуста.

■ Полученный суп приправьте солью, перцем и проварите 2—3 минуты.

■ При подаче оформите зеленью.

Что англичане назвали самым полезным цветком?

- Время приготовления 25 минут

СУП ГОРОХОВЫЙ С СОСИСКАМИ

на 4 порции

- горошек зеленый   300 г
- сосиски подкопченные   4 шт.
- овощная смесь замороженная   250 г
- бульон куриный   3 стакана
- чеснок   1 зубчик
- хлеб для тостов   2 ломтика
- соль

■ Горошек промойте, варите в кипящей воде 5 минут, воду слейте. Из ⅔ нормы приготовьте пюре, а остальной горошек отложите.

■ Бульон доведите до кипения, положите овощную смесь и варите 3 минуты. Затем положите гороховое пюре, горошек, нарезанные тонкими ломтиками сосиски, посолите. Проварите еще 2—3 минуты и снимите с огня.

■ Чеснок мелко порубите. Натрите им хлеб для тостов, а затем нарежьте мелкими кубиками. Обжарьте в духовке до образования золотистой корочки. Подайте с супом.

■ Время приготовления 50 минут

ОКРОШКА МАЙСКАЯ

на 4 порции

- мякоть говядины вареная   400 г
- лук зеленый и зелень укропа рубленые   по ½ стакана
- яйца   5 шт.
- огурцы   5 шт.
- редис   100 г
- квас   1 л
- корень хрена тертый   100 г
- соль, сахар
- сметана   40 г

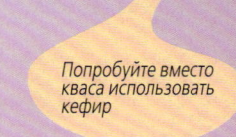

Попробуйте вместо кваса использовать кефир

■ Мясо нарежьте небольшими кусочками. Огурцы и сваренные вкрутую яйца нарежьте кубиками, редис — дольками.

■ Подготовленные продукты соедините, добавьте лук, укроп, соль, сахар, хрен, залейте квасом.

■ Подавайте со сметаной и кусочком льда.

Время приготовления 50 минут

СУП с КЛЮКВОЙ

Эксклюзивное предложение. Только у нас!

на 4 порции
- клюква 165 г
- груши 140 г
- яблоки 130 г
- сметана 65 г
- сахар 30 г
- мука пшеничная 30 г
- вино белое сухое 50 г
- вода 1,5 л
- картофель 2 шт.
- масло сливочное 40 г
- сухари молотые 10 г

■ Клюкву залейте горячей водой. Груши и яблоки без семенных коробочек соедините с клюквой и варите под крышкой в течение 1 часа. Готовые фрукты и ягоды протрите вместе с отваром через сито. Сметану размешайте с мукой и сахаром, положите в суп, добавьте вино.

■ К супу подайте отварной картофель, поджаренный с сухарями и политый растопленным маслом.

● Время приготовления 1 час 20 минут

СУП ИЗ ЦИТРУСОВЫХ

на 2 порции
- апельсин 1 шт.
  или мандарины 2 шт.
- вода 0,5 л
- крахмал картофельный 1 ч. ложка
- сахар 2 ст. ложки
- сливки или сметана 1 ст. ложка

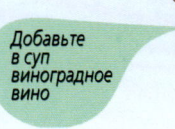

Добавьте в суп виноградное вино

■ Цедру мелко нашинкуйте, залейте водой, варите 5—10 минут, процедите.

■ В отвар добавьте сахар, перемешайте, введите предварительно разведенный водой картофельный крахмал. Доведите до кипения, затем положите очищенные, разделенные на дольки цитрусовые.

■ Суп подавайте со сливками.

■ В суп можно добавить отварной рис, а также виноградное вино для ароматизации.

- Время приготовления 30 минут

СУП АБРИКОСОВЫЙ С ЯБЛОКАМИ

Море, тропики, абрикосовый суп...

на 6 порций
- абрикосы   500 г
- яблоки   3 шт.
- сахар   3 ст. ложки
- крахмал картофельный   3 ч. ложки
- вода   1,5 л

■ Абрикосы без косточек залейте 2 стаканами воды, сварите до мягкости, затем протрите.

■ В полученное пюре добавьте 3 стакана горячей воды, сахар, очищенные и нарезанные дольками яблоки, доведите суп до кипения. Затем влейте разведенный оставшейся холодной водой крахмал и еще раз доведите до кипения.

■ Подавайте суп охлажденным.

• Время приготовления 40 минут

ОСНОВНЫЕ БЛЮДА

ОСНОВНЫЕ ТРУДЫ

на 2 порции
- картофель   150 г
- яйца   3 шт.
- лук репчатый   70 г
- лук зеленый   20 г
- зелень укропа или петрушки   10 г
- масло сливочное   50 г
- сметана   25 г
- сухари панировочные   10 г
- соль, перец черный молотый

Овощные котлеты подают без гарнира

КОТЛЕТЫ КАРТОФЕЛЬНЫЕ

■ Сваренные вкрутую 2 яйца мелко порубите. Картофель очистите, отварите и протрите.

■ Подготовленные картофель и яйца смешайте с сырым яйцом и сметаной, мелко нарезанными луком и зеленью. Посолите, поперчите.

■ Из полученной массы сформуйте котлеты, запанируйте их в сухарях и обжарьте на масле.

■ Подавайте со сметаной, грибным или томатным соусом, оформите зеленью.

Время приготовления 50 минут

БАКЛАЖАНЫ СОТЕ

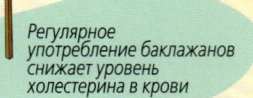

Регулярное употребление баклажанов снижает уровень холестерина в крови

на 10 порций
- баклажаны 1 кг
- перец сладкий 3 шт.
- помидоры 2 шт.
- масло сливочное 100 г
- масло растительное ½ стакана
- соль

■ Баклажаны очистите от кожицы, нарежьте кружочками, посолите и обжарьте в смеси сливочного и растительного масла.

■ Перец запеките, остудите и нарежьте кубиками.

■ Помидоры мелко нарежьте, обжарьте, соедините с перцем, посолите.

■ На блюдо уложите кружочки баклажанов, на каждый кружочек — помидоры с перцем, оформите зеленью.

● Время приготовления 50 минут ●

ШНИЦЕЛЬ ИЗ ПЕЧЕНОГО ПЕРЦА

на 6 порций
- перец сладкий 1 кг
- брынза 300 г
- яйца 2 шт.
- масло сливочное 5 ст. ложек
- мука пшеничная или сухари молотые 4 ст. ложки
- зелень петрушки рубленая 6 ст. ложек
- листья зеленого салата
- соль

■ Перец испеките, очистите от кожицы и семян, мелко нарежьте и посолите.

■ Брынзу измельчите и смешайте с яйцами и зеленью.

■ Соедините подготовленную смесь с нарезанным перцем и хорошо перемешайте. Сформуйте из нее лепешки, обваляйте их в муке или молотых сухарях, обжарьте на масле до образования золотистой корочки.

■ При подаче выложите на листья салата.

Время приготовления 30 минут

БРЮССЕЛЬСКАЯ КАПУСТА ПО-МИЛАНСКИ

на 2 порции
- капуста брюссельская 500 г
- помидоры красные 2 шт.
- сыр тертый 2 ст. ложки
- масло сливочное 3 ст. ложки
- сухари панировочные 2 ст. ложки
- соль

■ Помидоры нарежьте ломтиками.

■ Кочешки капусты опустите в кипящую подсоленную воду, добавьте немного масла и отварите до полуготовности.

■ Переложите капусту на смазанную маслом и посыпанную сухарями сковороду. Сверху покройте ломтиками помидоров, посыпьте сухарями, тертым сыром, затем положите мелкие кусочки масла и запекайте до образования румяной корочки.

■ При подаче оформите зеленью.

● Время приготовления 35 минут

СОЛЯНКА ОВОЩНАЯ НА СКОВОРОДЕ

на 1 порцию
- капуста белокочанная   200 г
- лук репчатый   1 головка
- огурец соленый   1 шт.
- грибы соленые   20 г
- масло растительное   10 г
- сыр   5 г
- сухари молотые   5 г

Если капуста имеет горьковатый привкус, ее нужно на пару минут погрузить в кипяток

■ Капусту нашинкуйте соломкой и тушите вместе с мелко нарезанным луком.

■ Огурец очистите от кожицы и семян, нарежьте пластинками и ошпарьте.

■ Грибы нарежьте ломтиками.

■ На смазанную маслом сковороду положите слой капусты, на него — огурец и грибы, закройте вторым слоем капусты. Поверхность разровняйте, посыпьте смесью тертого сыра с сухарями, сбрызните маслом. Солянку запеките.

• Время приготовления 40 минут

КАБАЧКИ ПО-РУМЫНСКИ

на 4 порции
- кабачки 4 шт.
- помидоры 4 шт.
- брынза 100 г
- масло растительное 60 г
- масло сливочное 2 ст. ложки
- мука пшеничная 1 ст. ложка
- соль

■ Кабачки нарежьте кружочками, посолите, запанируйте в муке и обжарьте на растительном масле.

■ В смазанный маслом сотейник уложите слоями, чередуя, кабачки с помидорами, нарезанными тонкими ломтиками, и кусочками брынзы.

■ Полейте овощи растопленным сливочным маслом и запеките в духовке.

• Время приготовления 40 минут •

В долине Дуная, на склонах Карпат растут кабачки... а потом их едят

ПОМИДОРЫ С РЫБОЙ

Какие только союзы не заключаются в нашей духовке!

на 6 порций
- помидоры 6 шт.
- филе рыбы 750 г
- яйца 2 шт.
- молоко 1 стакан
- лук репчатый 2 головки
- мука пшеничная 1 ст. ложка
- масло растительное 2 ст. ложки
- лимон 1 шт.
- маслины 6 шт.
- соль, перец черный молотый
- листья зеленого салата
- зелень петрушки

▶ В смазанную маслом форму уложите половину нормы филе в один слой, сбрызните его соком лимона, посолите, на него выложите нарезанные ломтиками помидоры, затем — оставшееся филе. Верхний слой сбрызните соком лимона, посолите и поперчите.

▶ Лук мелко порубите и смешайте с яйцами, молоком, мукой, зеленью и маслом. Полученную массу вылейте в форму.

▶ Помидоры с рыбой запекайте в духовке до образования румяной корочки.

▶ При подаче выложите на листья салата, оформите зеленью, ломтиками лимона и маслинами.

• Время приготовления 40 минут

КАРТОФЕЛЬ ФАРШИРОВАННЫЙ

на 2 порции
- картофель   4 шт.
- масло сливочное   40 г
- ветчина   50 г
- лук репчатый   1 головка
- орех мускатный тертый   ½ ч. ложки
- сыр твердый   20 г
- масло растительное   200 г
- соль
- зелень

■ Картофель очистите, вырежьте из него «стаканчики», оставляя стенки толщиной 0,3 см, и обжарьте их в растительном масле.

■ Извлеченную сердцевину картофеля сварите в подсоленной воде, протрите, заправьте маслом и мускатным орехом. Лук мелко порубите и обжарьте с ветчиной, нарезанной кубиками, смешайте с картофелем.

■ Нафаршируйте картофельные стаканчики приготовленной массой, посыпьте тертым сыром и запеките при 170 °C. Оформите зеленью.

Зубчик чеснока в кастрюле улучшит вкус вареного картофеля

• Время приготовления 50 минут

на 2 порции
- перец сладкий   2 шт.
- баклажан   1 шт.
- цуккини   1 шт.
- лук репчатый   1 головка
- помидор   1 шт.
- чеснок   1 зубчик
- грибы   150 г
- масло растительное   60 г
- рис вареный   2 ст. ложки
- базилик и мята сушеные молотые   по ½ ч. ложки
- соль, перец черный и красный молотый

ФАРШИРОВАННЫЙ ПЕРЕЦ-РАТАТУЙ

■ Разрежьте сладкие перцы пополам, удалите семена и мембраны. Половинки ошпарьте, затем обдайте их холодной водой, после чего положите в жаровню.

■ Нарезанные кубиками баклажаны и лук обжаривайте на масле, помешивая, до мягкости. Добавьте мелко нарезанные чеснок, помидор, грибы, базилик, мяту, соль, черный и красный перец. Тушите 5 минут, постоянно помешивая. Добавьте нарезанный кусочками цуккини и вареный рис, тушите еще 5 минут.

■ Полученную овощную смесь уложите в половинки перца. Запекайте 15 минут при 180 °C.

Название – как веселый праздник!

● Время приготовления 50 минут

153

на 6 порций
- картофель 1 кг
- сыр твердый 150 г
- масло растительное 2 ст. ложки
- помидоры 3 шт.
- листья зеленого салата

для соуса:
- сметана 250 г
- мука пшеничная ½ ст. ложки
- ветчина 100 г
- чеснок 4 зубчика

КАРТОФЕЛЬ, ЗАПЕЧЕННЫЙ С СОУСОМ

■ Поджаренную до светло-коричневого цвета муку разбавьте сметаной и доведите соус до кипения, добавьте мелко нарезанную ветчину и рубленый чеснок.

■ Клубни картофеля разрежьте пополам, выложите на разогретый с маслом противень, полейте приготовленным соусом и посыпьте тертым сыром. Запекайте до готовности.

■ При подаче картофель выложите на листья зеленого салата, оформите помидорами и зеленью.

• Время приготовления 50 минут

КАРТОФЕЛЬНАЯ ЗАПЕКАНКА ПО-МОНАСТЫРСКИ

на 4 порции
- картофель 5 шт.
- грибы 300 г
- масло растительное 3 ст. ложки
- чеснок 1 зубчик
- сухари панировочные 1 ст. ложка
- соль

■ Картофель и грибы нарежьте ломтиками.

■ В форму, натертую разрезанным зубчиком чеснока и смазанную маслом, выложите слоями картофель и грибы, посолив и полив маслом каждый слой. Верхний посыпьте сухарями.

■ Запекайте при 180 °C около часа.

■ Подавайте, оформив зеленью.

Ухожу в монастырь!

Время приготовления 1 час 10 минут

КАРТОФЕЛЬ, ФАРШИРОВАННЫЙ СЕЛЬДЬЮ

на 6 порций

- картофель   1 кг
- филе соленой сельди   200 г
- масло растительное   2 ст. ложки
- лук репчатый   2 головки
- яйцо   1 шт.
- сметана   1 стакан
- соль, перец черный молотый

■ Картофель сварите «в мундире» до полуготовности. Охладите и очистите. Разрежьте клубни пополам и выньте сердцевину.

■ Вынутую мякоть картофеля пропустите через мясорубку с филе сельди, добавьте измельченный лук, соль, перец, яйцо и ½ сметаны. Взбейте.

■ Подготовленный картофель наполните фаршем, уложите в смазанную маслом сковороду, залейте оставшейся сметаной и запеките. При подаче оформите зеленью.

Слева фарш и справа фарш. За картошкой – шагом марш!

Время приготовления 1 час 15 минут

на 12 порций
- картофель круглый 12 шт.
- сметана 2 стакана
- соль

для фарша:
- мякоть говядины 400 г
- лук репчатый 1 головка
- жир свиной 1 ст. ложка
- соль, перец черный молотый

КАРТОФЕЛЬ, ФАРШИРОВАННЫЙ МЯСОМ

■ Картофель очистите, удалите сердцевину.

■ Лук мелко нашинкуйте и обжарьте на части жира.

■ Говядину пропустите через мясорубку, смешайте с луком, посолите и поперчите.

■ Клубни картофеля заполните полученным фаршем, слегка обжарьте на оставшемся жире, уложите в сковороду, посолите, залейте сметаной и запеките.

■ Подавайте, оформив зеленью.

• Время приготовления 1 час 10 минут

на 4 порции

- рис   125 г
- отвар овощной   750 г
- кукуруза   150 г
- цуккини   1 шт.
- лук репчатый   1 головка
- перец сладкий красный   1 шт.
- сыр твердый тертый   4 ст. ложки
- душица   3–4 веточки
- базилик   3–4 веточки
- масло кунжутное   2 ст. ложки
- соль морская, перец черный молотый
- зелень петрушки

РИС ПЕСТРЫЙ

Я всегда готовлю это блюдо, когда устаю от серости жизни

■ Лук, сладкий перец, цуккини нарежьте мелкими кубиками. Кукурузу бланшируйте 2–3 минуты, затем промойте холодной водой, чтобы зерна сохранили свой цвет.

■ Сладкий перец и лук спассеруйте на масле, добавьте цуккини и слегка его обжарьте.

■ Рис промойте сначала в холодной, затем в горячей воде, залейте овощным отваром и варите на слабом огне 15–20 минут. Затем добавьте овощи, мелко рубленные душицу и базилик, посолите и поперчите. В готовое блюдо добавьте сыр, перемешайте.

■ Перед подачей посыпьте мелко рубленной петрушкой.

• Время приготовления 1 час •

БИТОЧКИ ИЗ ПШЕНА И РИСА

Наши биточки – вегетарианские

на 6 порций

- пшено   200 г
- рис   200 г
- вода для каши   2 л
- морковь   2 шт.
- яйца   3 шт.
- масло топленое или растительное   120 г
- сухари пшеничные панировочные   ½ стакана
- сметана   ½ стакана
- соль

■ Морковь нашинкуйте соломкой, спассеруйте на части масла и пропустите через мясорубку.

■ Из смеси пшена и риса сварите вязкую кашу, добавьте морковное пюре, яйца и перемешайте. Полученную массу разделайте на биточки или котлеты, запанируйте их в сухарях и обжарьте на масле.

■ Подавайте со сметаной.

Время приготовления 50 минут

на 4 порции

- рис 2 стакана
- грибы белые 250 г
- филе курицы 250 г
- творог 100 г
- масло растительное 3 ст. ложки
- соус соевый 75 г
- семена кунжута 25 г
- соль

Самая лучшая дичь — это белые грибы!

■ Грибы и филе курицы нарежьте ломтиками, обжарьте на разогретом масле до полуготовности. Добавьте соль, соус, всыпьте рис и тушите до его готовности, в конце приготовления положите творог.

■ Перед подачей перемешайте и посыпьте обжаренным кунжутом.

◾ Время приготовления 40 минут

РИС С БЕЛЫМИ ГРИБАМИ

на 2 порции
- сыр твердый   120 г
- рис   100 г
- перец сладкий   100 г
- шампиньоны консервированные   50 г
- апельсин   ½ шт.
- ветчина вареная   50 г
- горошек зеленый замороженный   50 г
- масло сливочное   20 г
- бульон мясной или куриный   200 г
- мука пшеничная   1 ч. ложка
- масло сливочное   1 ч. ложка
- соус табаско
- соль, перец черный молотый

СЫРНОЕ РАГУ С РИСОМ

- Рис сварите в подсоленной воде, добавьте зеленый горошек и ½ сладкого перца, нарезанного кубиками.

- Муку спассеруйте на масле, слегка охладите, влейте бульон и проварите до загустения. В приготовленный соус положите часть сыра, нарезанную мелкими кубиками, сладкий перец, ветчину и шампиньоны, нарезанные соломкой, ломтики апельсина, соус табаско, соль, перец. Перемешайте.

- Рис с овощами выложите в кольцевую форму, смазанную маслом, утрамбуйте и опрокиньте на противень. В середину рисового кольца выложите приготовленный соус. Посыпьте блюдо тертым сыром и запекайте при 200 °C до образования золотистой корочки.

- Время приготовления 50 минут

КАША РИСОВАЯ С ЧЕРНОСЛИВОМ

на 4 порции
- рис 300 г
- чернослив без косточек 160 г
- сахар 40 г
- мед 80 г
- изюм без косточек 50 г
- цукаты 30 г
- орехи или тыквенные семена 30 г
- соль

■ Изюм замочите на 30 минут. Чернослив отварите, добавив сахар. Отвар слейте, процедите, добавьте в него столько воды, чтобы общее количество жидкости стало 600 г, доведите до кипения. Посолите, всыпьте рис и варите кашу до готовности. Положите в кашу чернослив, изюм, мед и перемешайте.

■ При подаче оформите блюдо цукатами, посыпьте орехами или тыквенными семенами.

Время приготовления 1 час

РИСОВАЯ КАША С ОРЕХАМИ

на 3–4 порции
- рис   1 стакан
- орехи грецкие рубленые   1 ст. ложка
- ядра абрикосовых косточек, арахис и тыквенные семечки молотые   по 1 ч. ложке
- финики и цукаты рубленые   по 1 ч. ложке
- сахар   1 ст. ложка
- корица

■ Рис залейте холодной водой и варите на слабом огне, постоянно помешивая. Когда рис разварится, всыпьте грецкие орехи, абрикосовые косточки, финики, арахис, тыквенные семечки, цукаты, корицу и сахар, все тщательно перемешайте, варите еще несколько минут.

■ Подавайте кашу горячей.

- Время приготовления 50 минут

ПЛОВ ИЗ КАЛЬМАРОВ

на 2 порции

- кальмары 400 г
- лук репчатый 1 головка
- морковь 40 г
- масло растительное 30 г
- рис 150 г
- соль, перец черный молотый
- зелень петрушки и укропа

■ Обработанных кальмаров нарежьте кусочками.

■ Лук и морковь, нарезанные соломкой, обжарьте на масле и соедините с отваренным до полуготовности рисом.

■ Соедините рис с овощами и кальмарами, добавьте соль, перец, воду и тушите в духовке до готовности риса.

■ Подавайте, оформив зеленью.

Это, конечно, не настоящий узбекский плов...

• Время приготовления 50 минут

на 4 порции
- курица   600 г
- мякоть свинины   200 г
- рис   200 г
- бульон куриный или мясной   2 стакана
- горошек зеленый консервированный   200 г
- перец красный маринованный или лечо   160 г
- лук репчатый   1 головка
- масло растительное   80 г
- томатное пюре   70 г
- соль
- зелень

ПЛОВ С КУРИЦЕЙ И СВИНИНОЙ

- Рис обжарьте на масле. Свинину нарежьте мелкими кубиками и обжарьте вместе с томатным пюре. Курицу разрубите (по 3 куска на порцию) и обжарьте, добавив мелко нашинкованный лук.

- В жаровню положите обжаренный рис, свинину и курицу с луком, влейте бульон, посолите и тушите на слабом огне. За 10 минут до готовности добавьте зеленый горошек и маринованный перец или лечо.

- При подаче посыпьте плов рубленой зеленью.

- Время приготовления 1 час

ЗАПЕКАНКА ИЗ МАКАРОН С ГРИБАМИ

на 2 порции

- бантики 100 г
- шампиньоны 400 г
- бекон 100 г
- помидоры 4 шт.
- яйца 3 шт.
- сметана ½ стакана
- масло сливочное 4 ст. ложки
- сыр твердый тертый 150 г
- зелень петрушки рубленая 1 ст. ложка
- чеснок 1 зубчик
- соль, перец черный молотый

■ Бантики отварите, следуя указаниям на упаковке, откиньте на дуршлаг, затем заправьте частью масла.

■ Грибы нарежьте ломтиками, бекон — соломкой. Помидоры ошпарьте, снимите кожицу, мякоть нарежьте крупными кубиками.

■ Обжарьте бекон, грибы и помидоры на масле, посолите, поперчите.

■ Взбейте яйца со сметаной, добавьте сыр, зелень, мелко рубленный чеснок, соль, перец и перемешайте.

■ В смазанную маслом форму уложите половину бантиков, затем — слой грибов с беконом и помидорами, оставшиеся бантики, залейте яично-сырной смесью и запекайте 15 минут.

● Время приготовления 50 минут

РЫБА НА ОВОЩНОЙ ПОДУШКЕ

на 8 порций

- рыба (лосось, карп, судак) 1 шт. (2 кг)
- грибы 500 г
- лук репчатый 1 головка
- кабачок 1 шт.
- баклажан 1 шт.
- перец сладкий 1 шт.
- масло оливковое 4 ст. ложки
- лимон ½ шт.
- перец черный молотый
- соль

■ Рыбу выпотрошите, сделайте на одном боку надрезы под углом 45° и вложите в них по ломтику лимона. Посолите, поперчите.

■ Овощи нарежьте соломкой, обжарьте на масле, посолите, поперчите. Отдельно обжарьте нарезанные ломтиками грибы. Посолите.

■ На смазанный маслом противень уложите овощную смесь, на нее — рыбу надрезами вверх, вокруг разложите жареные грибы. Полейте маслом и запекайте 40 минут при 180 °C.

• Время приготовления 1 час 10 минут

ГРИБНОЙ ОМЛЕТ

Омлетов разных – тыщи, а лучше грибного не сыщешь

на 4 порции

- яйца 4 шт.
- грибы 400 г
- корень петрушки 1 шт.
- мука пшеничная 1 ст. ложка
- бульон грибной 2–3 ст. ложки
- масло сливочное 1 ст. ложка
- масло растительное 1 ст. ложка
- соль, перец красный молотый

■ Мелко нарезанные грибы и натертую на крупной терке петрушку обжарьте на растительном масле.

■ Желтки разотрите с солью, поперчите, смешайте с грибами и мукой, влейте бульон. Добавьте взбитые белки, перемешайте.

■ Вылейте смесь на сковороду, смазанную растительным маслом, и запеките.

■ При подаче омлет сверните пополам или подверните края, придав ему вид пирожка, полейте растопленным сливочным маслом и оформите веточкой зелени. Сбоку положите тонкие ломтики ветчины.

■ Время приготовления 20 минут

ТОРТ ИЗ БЛИНЧИКОВ С ГРИБАМИ

на 6 порций

для блинчиков:
- грибы соленые или маринованные 600 г
- корейка копченая 100 г
- лук репчатый 1 головка
- мука 1 стакан
- крахмал 1 ст. ложка
- молоко 1 стакан
- яйца 2 шт.
- масло растительное 2 ст. ложки
- соль

для крема:
- сыр плавленый мягкий 200 г
- масло сливочное 2 ст. ложки
- зелень укропа рубленая 1 ст. ложка
- перец красный молотый

■ Грибы, лук и корейку пропустите через мясорубку и обжаривайте на части растительного масла 10–15 минут.

■ Из муки, крахмала, молока и яиц замесите тесто, добавьте в него грибную массу, посолите и перемешайте. Испеките блинчики на раскаленной сковороде, смазывая ее оставшимся растительным маслом.

■ Сыр взбейте с размягченным сливочным маслом, добавьте зелень и перец.

■ Уложите блинчики стопкой, прослоив сырным кремом, и запекайте в духовке 5–7 минут.

■ Подавайте торт горячим, оформив солеными грибами и веточками зелени.

● Время приготовления 1 час 20 минут

ЗАПЕКАНКА ИЗ ТВОРОГА, ОВОЩЕЙ И ФРУКТОВ

Фантазия на тему детского садика... Блюдо из детства

на 8 порций
- творог   500 г
- яблоки   7–8 шт.
- изюм без косточек   1 стакан
- инжир   200 г
- яйца   2 шт.
- масло сливочное   150 г
- сахар   ½ стакана
- крупа манная   2½ ст. ложки
- морковь   3–4 шт.
- шпинат   250 г
- сметана   1½ стакана

■ Морковь нашинкуйте мелкой соломкой и потушите с маслом и небольшим количеством воды. Добавьте нашинкованный шпинат и тушите еще 5 минут.

■ Яблоки и инжир нашинкуйте, соедините с овощами, взбитым яйцом и перемешайте.

■ Творог протрите, смешайте с крупой, сахаром, взбитым яйцом и изюмом.

■ В смазанную маслом форму выложите слоями половину творога, половину фруктово-овощной смеси, затем оставшиеся творог и смесь, верх выровняйте. Сбрызните маслом и запеките.

■ Подавайте со сметаной.

■ Время приготовления 50 минут

ФОРШМАК С СЫРОМ

на 5 порций
- картофель вареный   1 кг
- сыр твердый   100 г
- яйца   4 шт.
- лук репчатый   1 головка
- сметана   1 стакан
- масло растительное   ½ стакана
- сухари панировочные   1 ст. ложка
- соль

■ Картофель пропустите через мясорубку, влейте 1 столовую ложку разогретого масла и перемешайте. Добавьте часть тертого сыра, соль, пассерованный мелко рубленный лук и сметану, смешанную с 3 желтками.

■ В картофельную массу введите 3 взбитых белка. Выложите ее в глубокую сковороду, смазанную маслом и посыпанную сухарями. Смажьте взбитым яйцом, посыпьте тертым сыром и запекайте до образования золотистой корочки.

• Время приготовления 30 минут

РЫБА, ТУШЕННАЯ С ОВОЩАМИ

на 4 порции
- филе рыбы   500 г
- корни петрушки   5 шт.
- морковь   4 шт.
- лук репчатый   2 головки
- томат-пюре   4 ст. ложки
- масло сливочное   2 ст. ложки
- бульон
- соль

■ Филе рыбы нарежьте брусочками, посолите и поперчите.

■ Лук и коренья нарежьте соломкой. На дно смазанного маслом сотейника положите овощи, томат-пюре, обжарьте, затем уложите на них рыбные брусочки, добавьте соль, бульон и потушите в духовке. За 5—10 минут до готовности положите сливочное масло.

■ Рыбу подайте вместе с овощами, с которыми она тушилась, на гарнир подайте отварной картофель или рассыпчатую кашу. Оформите зеленью.

• Время приготовления 40 минут

ТРЕСКА В ВИНЕ И СМЕТАНЕ

на 1 порцию
- треска   250 г
- вино белое столовое   2 ст. ложки
- сметана   2 ст. ложки
- соль

■ Рыбу разделайте на порционные куски с кожей без костей, натрите солью, уложите на смазанную сковороду и запекайте в духовке 20—25 минут, периодически поливая образовавшимся соком и вином.

■ Готовую рыбу залейте сметаной и прогрейте еще 5 минут.

■ Подавайте с картофелем или овощным салатом, оформив зеленью.

Запекать рыбу следует в сильно нагретой духовке

• Время приготовления 45 минут

ТРЕСКА С ТЕРТЫМ КАРТОФЕЛЕМ

на 4 порции

- филе трески 500 г
- картофель 800 г
- масло топленое 100 г
- яйца 2 шт.
- мука пшеничная ½ стакана
- орех мускатный тертый
- соль, перец черный молотый

■ Картофель натрите на мелкой терке и слегка отожмите. Тертый картофель смешайте с яйцами, заправьте солью, перцем и мускатным орехом.

■ Филе разрежьте на 4 куска, посолите, поперчите, запанируйте в муке. Подготовленное филе смажьте с обеих сторон картофельной массой, жарьте на масле по 3 минуты с каждой стороны, затем обсушите на бумажном полотенце.

■ Подавайте со свежими или консервированными овощами, оформите зеленью.

Гони тоску — ставь на стол треску!

■ Время приготовления 35 минут

КАЛЬМАРЫ ФАРШИРОВАННЫЕ

на 6–8 порций
- кальмары 1 кг
- масло растительное 125 г
- шампиньоны 100 г
- маслины без косточек 8 шт.
- помидоры крупные 2 шт.
- чеснок 2 зубчика
- лук репчатый 1 головка
- соус соевый 4 капли
- сухари панировочные 1 ст. ложка
- зелень петрушки рубленая 2 ст. ложки
- душица рубленая 1 ст. ложка
- соль, перец черный молотый

■ Кальмаров очистите. 6–8 тушек оставьте целыми, остальные мелко нарежьте или пропустите через мясорубку.

■ Измельченных кальмаров смешайте с мелко нарезанными маслинами, шампиньонами и луком, петрушкой, частью масла, соевым соусом и сухарями. Полученным фаршем заполните тушки кальмаров.

■ Чеснок мелко порубите и слегка обжарьте на масле. Добавьте нарезанные дольками помидоры и жарьте еще 2 минуты. Положите в полученный соус кальмаров, немного посолите, потушите 20 минут, затем посыпьте перцем, душицей и тушите еще 5 минут.

■ Готовых кальмаров выложите на блюдо и полейте полученным при тушении соусом.

Время приготовления 35 минут

РЫБА, ЗАПЕЧЕННАЯ С БЕКОНОМ

на 2 порции
- рыба 2 тушки по 300 г
- бекон 50 г
- сыр твердый тертый 30 г
- лук репчатый 1 головка
- чеснок 1 зубчик
- бульон куриный 4 ст. ложки
- молоко 1 ст. ложка
- масло сливочное 1 ст. ложка
- сок 1 лимона
- зелень укропа и любистока

■ Рыбу обработайте, посолите, сбрызните лимонным соком и выдержите 1 час в холодильнике.

■ Чеснок мелко порубите, смешайте с тертым сыром, рубленой зеленью и молоком.

■ Рыбу уложите в форму, смажьте ее сырной смесью, сверху выложите нарезанный тонкими полосками бекон и запекайте 30 минут при 220 °C.

■ Лук мелко нарежьте, обжарьте его на масле, добавьте бульон и тушите 10 минут.

■ За 5 минут до готовности влейте луковую смесь в форму.

■ Подавайте с вареным картофелем и лимоном.

Ценный рецепт. Охраняется законом

Время приготовления 1 час 40 минут

на 2 порции
- филе рыбы   300 г
- масло растительное   2 ст. ложки
- сок ½ лимона
- соль, перец черный молотый

для соуса:
- сыр твердый тертый   100 г
- молоко концентрированное   ½ стакана
- оливки, фаршированные перцем   12 шт.

Маринуя, не перемаринуйте. Кулинарная поговорка

РЫБА С ОЛИВКАМИ

■ Филе рыбы залейте смесью масла и лимонного сока, посолите и поперчите. Маринуйте 1 час в холодильнике.

■ Ингредиенты соуса смешайте, оставив немного сыра.

■ Рыбу уложите в смазанную маслом форму, полейте приготовленным соусом, посыпьте сыром и запекайте 20 минут при 230 °C.

■ Подавайте с вареным картофелем или рисом, оформите лимоном.

• Время приготовления 1 час 40 минут

КАЛЬМАРЫ
ПО-ДАЛЬНЕВОСТОЧНОМУ

на 4 порции
- кальмары 4 шт.
- сыр 100 г
- майонез 100 г
- листья зеленого салата

Замороженных кальмаров лучше оттаивать в подсоленной воде

■ Сыр нарежьте соломкой.

■ Кальмаров, очистив от пленки и удалив хитиновую пластинку, положите в горячую подсоленную воду и варите 2 минуты. Охладите, нарежьте соломкой, соедините с сыром и заправьте майонезом.

■ При подаче выложите на листья салата, оформите зеленью.

Время приготовления 20 минут

ОСЬМИНОГИ С ЛИМОНОМ

на 6 порций
- осьминоги 400 г
- лимон 1 шт.
- морковь 2 шт.
- корни петрушки 2 шт.
- перец душистый горошком

■ Осьминогов положите в кипящую соленую воду, добавьте перец, мелко нарезанные морковь и петрушку, варите 5 минут. Охладите.

■ Выложите осьминогов на тарелку, вокруг уложите тонкие кружочки лимона.

■ Подавайте со свежими огурцами, помидорами, сладким перцем, зеленым салатом.

В длину осьминоги достигают 6 метров. Выбирайте помельче

• Время приготовления 20 минут

КРЕВЕТКИ С ТРАВАМИ И ФАРФАЛЛЕ

на 4 порции

- креветки очищенные 170 г
- фарфалле 230 г
- масло растительное 75 г
- масло сливочное 3 ст. ложки
- лук репчатый мелкий 1 шт.
- морковь 1 шт.
- чеснок 1 зубчик
- базилик 60 г
- сок лимонный 1 ст. ложка
- орешки кедровые 125 г
- зелень петрушки 1 пучок
- соль

■ Чеснок и петрушку порубите.

■ Креветок измельчите вилкой. Сварите фарфалле в подсоленной воде. Откиньте на дуршлаг, дайте воде стечь.

■ Разогрейте растительное и сливочное масло. Обжарьте на нем чеснок, лук и мелко нарезанную морковь.

■ Затем добавьте рубленую петрушку, креветок, базилик и влейте лимонный сок. Обжаривайте, помешивая, еще несколько минут. Добавьте кедровые орешки и соль.

■ Фарфалле выложите в большое блюдо, залейте приготовленным соусом и перемешайте.

Время приготовления 40 минут

РАКИ, ТУШЕННЫЕ В ВИНЕ

Некоторые предпочитают пиво

на 6 порций

- раки   30 шт.
- масло сливочное   200 г
- сметана   3 ст. ложки
- вино белое сухое   1 стакан
- зелень петрушки   1 пучок
- зелень укропа   1 пучок
- соль

■ Сливочное масло разогрейте, положите в него промытых раков, пучки зелени, посолите, тушите 10 минут под крышкой.

■ Влейте сухое вино и сметану, тушите еще 10—15 минут, затем зелень удалите.

■ Подавайте раков на блюде вместе с соусом.

Время приготовления 35 минут

ЛОБСТЕР «ТЕРМИДОР»

на 2 порции

- лобстер   2 шт.
- корень петрушки   1 шт.
- листья зеленого салата

для соуса:
- сливки   200 г
- сливки густые   50 г
- вино белое сухое   40 г
- горчица   2 ч. ложки
- лук-шалот   2 головки
- эстрагон сушеный   1 ч. ложка
- зелень петрушки рубленая   1 ст. ложка
- масло сливочное   2 ст. ложки
- мука пшеничная   1½ ст. ложки
- желток яичный   1 шт.
- соль, перец черный молотый

■ Брюшки лобстеров разрежьте, удалите внутренности. Промойте лобстеров, залейте их горячей подсоленной водой, добавьте корень петрушки и варите 20—30 минут при слабом кипении.

■ Для приготовления соуса доведите до кипения смесь вина, горчицы, измельченного лука, эстрагона и зелени петрушки. Уварите смесь наполовину.

■ Муку обжарьте на масле, постепенно добавьте сливки и, помешивая, варите до загустения. Влейте винную смесь. Слегка охладите. Яичный желток взбейте с густыми сливками, затем влейте в приготовленный соус и снова хорошо взбейте. Посолите, поперчите.

■ Лобстера уложите на листья зеленого салата. Соус подайте отдельно.

Время приготовления 45 минут

ТАЛЬЯТЕЛЛЕ С СОУСОМ ИЗ ЛАНГУСТОВ

на 2 порции
- тальятелле   300 г
- хвосты лангустов вареные очищенные   250 г
- помидоры   2 шт.

для соуса:
- лук-порей   1 стебель
- масло растительное   1 ст. ложка
- мука пшеничная   1 ст. ложка
- бульон рыбный или овощной   1 кубик
- томат-пюре   2 ст. ложки
- вермут сухой   75 г
- сок лимонный   1 ч. ложка
- йогурт натуральный   200 г
- масло сливочное   40 г

■ Мякоть помидоров нарежьте соломкой. Лук-порей промойте и нарежьте.

■ Для соуса лук-порей слегка обжарьте на разогретом масле, посыпьте мукой и раскрошенным бульонным кубиком. Добавьте 200 г воды, томат-пюре, вермут, лимонный сок и йогурт. Тушите несколько минут. Поперчите, посолите.

■ Тальятелле сварите в подсоленной воде (1:6). Слейте воду и заправьте их сливочным маслом.

■ Смешайте хвосты лангустов и помидоры с соусом, прогрейте, не доводя до кипения. Подайте с тальятелле.

Время приготовления 45 минут

ЛЯГУШАЧЬИ БЕДРЫШКИ В СОУСЕ

на 5 порций

- бедрышки лягушачьи 25 шт.
- морковь 1 шт.
- корень сельдерея 1 шт.
- лук репчатый 1 головка
- вино белое сухое 200 г

для соуса:
- грибы 500 г
- молоко 2 стакана
- сливки 150 г
- масло сливочное 150 г
- кетчуп 3 ст. ложки
- мука пшеничная 1 ст. ложка
- орех мускатный тертый ½ ч. ложки

■ В жаровню, смазанную маслом, положите лягушачьи бедрышки. Добавьте нарезанные ломтиками лук, морковь и сельдерей, измельченную зелень, посолите. Влейте вино, накройте крышкой и тушите в духовке 15—20 минут.

■ Для соуса грибы нарежьте ломтиками, обжарьте на масле, посыпьте мукой, перемешайте и жарьте еще 2 минуты. Слегка охладите, влейте молоко, потушите 7 минут, добавьте сливки, кетчуп, мускатный орех и 1 чайную ложку горчицы.

■ Соедините соус с бедрышками, перемешайте и доведите до кипения.

• Время приготовления 35 минут •

МЯСО С ИМБИРЕМ

на 4 порции
- мякоть говядины   500 г
- апельсин   1 шт.
- лук зеленый   3 пера
- сахар   2 ст. ложки

- соус соевый   2 ст. ложки
- масло растительное   2 ст. ложки
- имбирь измельченный   1 ст. ложка
- крахмал   1 ч. ложка
- чеснок   1 зубчик

■ Лук мелко нарежьте и обжарьте на части масла вместе с имбирем, измельченными чесноком и апельсиновой цедрой до размягчения.

■ Для соуса из апельсина выжмите сок, соедините его с соевым соусом, сахаром и крахмалом.

■ Говядину нарежьте соломкой и быстро обжарьте на масле, затем добавьте обжаренный лук и приготовленный соус. Жарьте, помешивая, еще 5—7 минут.

■ Подавайте с рассыпчатым рисом.

• Время приготовления 45 минут

МУЖУЖА ИЗ СВИНИНЫ

на 2 порции
- мякоть свинины 1 кг
- чеснок 2–3 зубчика
- уксус винный ¼ стакана
- лист лавровый 2 шт.
- зелень петрушки, кинза 1 пучок
- соль, перец черный горошком

■ Мясо промойте, нарежьте порционными кусками и полностью залейте водой. Варите мясо при слабом кипении до готовности, снимая пену. За 10 минут до окончания варки добавьте лавровый лист, перец и соль. Влейте уксус, снимите с огня.

■ При подаче мясо посыпьте рубленой зеленью и измельченным чесноком.

Прокисшее сухое вино, настоянное на эстрагоне и базилике, – вот что такое винный уксус по-грузински!

• Время приготовления 50 минут

Подозрительное растение... Зелень называется кинзой, а семена — кориандром

БУХЛАМА С БАКЛАЖАНАМИ

на 4 порции
- баранина 1 кг
- помидоры 1 кг
- лук репчатый 5 головок
- картофель 4–5 шт.
- баклажаны 3–4 шт.
- кинза 1 пучок
- соль, перец черный молотый

■ Мясо нарежьте порционными кусками.

■ Лук и помидоры пропустите по отдельности через мясорубку. Очищенный картофель нарежьте дольками, баклажаны — кружочками.

■ Уложите в жаровню слоями подготовленные лук, мясо, картофель, баклажаны, залейте помидорами, посолите, поперчите, сверху посыпьте рубленой кинзой. Тушите на слабом огне до готовности мяса.

- Время приготовления 1 час

ЗРАЗЫ С ГРИБАМИ

Зразы — гордость старопольской кухни

на 4 порции
- фарш говяжий 320 г
- грибы 200 г
- мякоть свинины 100 г
- лук репчатый 1 головка
- масло растительное 2 ст. ложки
- соль, перец черный молотый

■ Грибы и свинину нарежьте ломтиками, лук мелко порубите.

■ Для начинки свинину обжарьте на масле, добавьте грибы, лук и жарьте до полуготовности. Посолите, поперчите.

■ В говяжий фарш добавьте специи, 2 столовые ложки воды, хорошо взбейте его и сформуйте 4 лепешки. На середину каждой лепешки уложите приготовленную начинку и, соединив края, придайте изделиям овальную форму. Обжарьте их до образования золотистой корочки, затем доведите до готовности в духовке.

■ При подаче гарнируйте зразы жареным картофелем.

● Время приготовления 55 минут

ЭСКАЛОПЫ С ГРИБАМИ

на 2 порции
- мякоть свинины (корейка, окорок) 350 г
- масло оливковое 2 ст. ложки
- соль, перец черный молотый

для соуса:
- лук репчатый 4 головки
- чеснок 1 зубчик
- сливки густые 100 г
- порошок карри ¼ ч. ложки

для гарнира:
- грибы 200 г
- лук репчатый ½ головки
- чеснок 1 зубчик
- соль, перец черный молотый

■ Свинину нарежьте порционными кусками, отбейте, посолите, поперчите и обжарьте на масле.

■ Для соуса мелко нарезанные лук и чеснок обжарьте, добавьте сливки, ½ стакана воды, карри, доведите до кипения.

■ Залейте эскалопы соусом и доведите его до кипения.

■ Нарезанные ломтиками грибы и мелко рубленные лук и чеснок обжарьте вместе, помешивая. Посолите, поперчите.

■ При подаче гарнируйте эскалопы грибами, оформите зеленью.

- Время приготовления 55 минут

БАРАНИНА ПОД ОСТРЫМ СОУСОМ

Для тех, кто любит поострее

на 8 порций

- отбивные из баранины   8 шт.
- картофель   1,5 кг
- лук репчатый   4 головки
- чеснок   4 зубчика
- бульон мясной из кубиков   0,5 л
- томатная паста   4 ст. ложки
- масло растительное   6 ст. ложек
- мука пшеничная   1 ст. ложка
- душица сушеная молотая   2 ч. ложки
- порошок чили   1 ч. ложка
- соль, перец черный молотый

■ Отбивные жарьте на масле до готовности, посолите, поперчите.

■ Картофель нарежьте дольками, лук — кольцами, обжарьте по отдельности.

■ Для соуса муку спассеруйте с томатной пастой, добавьте черный перец, душицу, чили, чеснок и бульон. Варите соус до загустения.

■ В центр блюда уложите отбивные, рядом — картофель и лук, оформите зеленью. К отбивным подлейте соус.

• Время приготовления 1 час 10 минут •

РЕБРЫШКИ ПИКАНТНЫЕ

на 4 порции

- ребрышки свиные   8 шт.
- кетчуп   1 ст. ложка
- масло растительное   2 ст. ложки
- смесь сушеных трав   1 ст. ложка
- перец кайенский молотый
- соль

для клюквенного соуса:

- сок клюквенный   ½ стакана
- крахмал картофельный   1 ч. ложка
- сахар   1 ч. ложка
- дольки апельсина или мандарина   100 г

■ Ребрышки обжарьте на масле до образования золотистой корочки, смажьте смесью кетчупа, соли, перца и сухих трав, уложите на противень и запекайте 15—20 минут при 170 °C.

■ Для клюквенного соуса со сковороды, в которой жарились ребрышки, слейте масло, влейте клюквенный сок, добавьте сахар, дольки апельсина и варите их при слабом кипении 5—7 минут. Затем влейте разведенный водой крахмал, доведите соус до кипения, процедите.

■ При подаче ребрышки уложите на блюдо, полейте клюквенным соусом. Гарнируйте отварным диким и белым рисом. Оформите зеленью.

• Время приготовления 35 минут •

СВИНИНА ПОД ПИКАНТНЫМ СОУСОМ

на 6–8 порций

- мякоть свинины   1 кг
- коньяк   200 г
- масло растительное   200 г

для соуса:

- перец сладкий   4 шт.
- огурцы соленые   300 г
- лук репчатый   100 г
- морковь   100 г
- корень сельдерея   50 г
- жир свиной   50 г
- соус томатный   50 г
- вода   200–300 г
- уксус 3%-й   3 ст. ложки

■ Свинину нарежьте порционными кусками, поперчите, посолите, залейте коньяком и оставьте для маринования на 3–4 часа, затем обжарьте на масле.

■ Для соуса перец, лук, огурцы, морковь и сельдерей мелко нарежьте и обжарьте на жире до полуготовности. Влейте воду, томатный соус, уксус и тушите под крышкой до готовности.

■ Подайте мясо горячим, залив приготовленным соусом. Гарнируйте маринованным луком.

• Время приготовления 4 часа •

СВИНИНА С СОУСОМ ИЗ АВОКАДО

К соусу из авокадо мясцо хорошее надо

на 4 порции

- мякоть свинины 600 г
- шампиньоны 250 г
- бульон мясной 125 г
- перец сладкий 1 шт.
- соус соевый 2–3 ст. ложки
- масло растительное 2 ст. ложки
- цедра лимона тертая ½ ч. ложки
- майоран 1 веточка
- соль, перец черный молотый

для соуса:
- авокадо 1 шт.
- лук репчатый 1 головка
- йогурт 2 ст. ложки
- перец красный молотый

■ Свинину нарежьте брусочками, сладкий перец — кубиками, грибы — ломтиками.

■ Мясо обжаривайте 5 минут на масле, затем уберите со сковороды, посолите и поперчите.

■ На оставшемся жире обжарьте сладкий перец, добавьте мясо, грибы, бульон, цедру, соевый соус, тушите 10 минут, посыпьте рубленым майораном.

■ Для соуса мякоть авокадо разомните, соедините с нарезанным кубиками луком, йогуртом, красным перцем и перемешайте до получения однородной массы.

■ Подавайте свинину горячей. Приготовленный соус подайте отдельно.

● Время приготовления 45 минут

ШАШЛЫК ИЗ БАРАНИНЫ С БАКЛАЖАНАМИ

на 4 порции
- мякоть баранины (корейка или окорок) 500 г
- баклажаны 350 г
- перец жгучий красный 5–6 шт.
- уксус яблочный 100 г
- масло растительное 40 г
- соль, перец черный молотый

■ Баранину нарежьте кусками массой 40 г, посолите, поперчите, сбрызните уксусом и маринуйте 4 часа.

■ В баклажанах сделайте глубокий продольный надрез, вложите в него маринованные кусочки.

■ Фаршированные баклажаны нанижите на шампур так, чтобы он проходил через оба конца баклажанов, захватывая все кусочки мяса.

■ Вращайте шампур над углями так, чтобы кусочки баранины равномерно обжарились со всех сторон в открытом разрезе баклажана. Во время жаренья сбрызгивайте шашлык маслом.

■ Подавайте с красным острым перцем.

• Время приготовления 50 минут

БАРАНЬЯ НОГА, ФАРШИРОВАННАЯ СУЛУГУНИ

на 8 порций

- баранина (окорок) 1,5—2 кг
- сыр сулугуни тертый 300 г
- оливки и маслины с косточками 8—10 шт.
- лук репчатый 4 головки
- чеснок 2 зубчика
- бульон мясной 1 стакан
- вино белое сухое 1 стакан
- сметана ½ стакана
- масло растительное 3 ст. ложки
- базилик рубленый 1 пучок
- соль, перец черный молотый

Время приготовления 2 часа

■ Из окорока вырежьте кость, мякоть уложите разрезом вверх, посыпьте базиликом и сыром. Края разреза соедините, мясо обвяжите шпагатом, посолите, поперчите.

■ В жаровне разогрейте масло, уложите в нее мясо. Лук и чеснок разрежьте поперек пополам, обжарьте со стороны среза и выложите в жаровню. Добавьте оливки и маслины.

■ Запекайте мясо в духовке при 240 °C, периодически поливая бульоном и вином.

■ Готовое мясо выложите на блюдо, вокруг уложите тушеные лук, чеснок, оливки и маслины.

■ В полученный при тушении мяса сочок добавьте сметану, соль, перец, доведите соус до кипения. Подайте его отдельно.

ТЕЛЯТИНА В ВИНЕ

на 4 порции

- мякоть телятины   800 г
- вино белое сухое   100 г
- лук репчатый крупный   4 головки
- лук репчатый мелкий   150 г
- бульон мясной   125 г
- сливки   80 г
- яйцо   1 шт.
- лук зеленый, зелень петрушки и укропа   по ½ пучка
- сухари панировочные   2–3 ст. ложки
- масло топленое   2 ст. ложки
- мука пшеничная   1–2 ст. ложки
- горчица   1–2 ч. ложки
- соль, перец черный молотый

■ Мясо посолите, поперчите и на масле обжарьте целым куском. Добавьте мелкий лук и также обжарьте.

■ Зеленый и крупный репчатый лук и зелень порубите, смешайте с горчицей, яйцом, сухарями, солью и перцем.

■ Смажьте мясо полученной массой, уложите в жаровню и обжарьте в духовке. Влейте вино, бульон, тушите 45 минут под крышкой, а затем еще 30 минут – без крышки.

■ Мясо выньте. В полученную при тушении жидкость влейте сливки, доведите до кипения, введите подсушенную муку, разведенную частью бульона, посолите, поперчите.

■ Подавайте мясо вместе с приготовленным соусом и овощным или крупяным гарниром.

• Время приготовления 1 час 30 минут •

СВИНЫЕ РОЗЕТЫ С ГРИБАМИ

Свежие грибы нельзя хранить более 3 часов

на 6 порций

- мякоть свинины (корейка) 1 кг
- грибы 600 г
- сало свиное топленое 100 г
- бульон мясной 1 стакан
- вино белое сухое 1 стакан
- сметана 1 стакан
- хлеб пшеничный 6 ломтиков
- мука пшеничная 2 ст. ложки
- аджика 1 ст. ложка
- соль, перец черный молотый

■ Для соуса муку подсушите до золотистого цвета, разотрите со сметаной, соедините с бульоном, посолите, проварите до загустения и добавьте аджику. Процедите через сито.

■ Свинину разрежьте на порции, отбейте, посолите, поперчите, обжарьте на свином сале и прогрейте в духовке или под крышкой.

■ Грибы нарежьте ломтиками, припустите в вине.

■ Ломтики хлеба очистите от корочки, обжарьте на оставшемся после жаренья мяса жире, уложите на них розеты, гарнируйте грибами, полейте приготовленным соусом.

- Время приготовления 1 час 10 минут

на 4 порции
- мякоть телятины   400 г
- рис   2 стакана
- бульон куриный   8 стаканов
- сливки   3 стакана
- лук репчатый   4 головки
- бананы   4 шт.
- коньяк   ¼ стакана
- масло топленое   6 ст. ложек
- масло растительное   6 ст. ложек
- мед   4 ст. ложки
- мука пшеничная   2 ст. ложки
- соус карри   4 ч. ложки
- соль, перец черный молотый

ТЕЛЯТИНА С РИСОМ И БАНАНАМИ

Сладкая телятинка! Причем в прямом смысле сладкая

■ Мясо нарежьте соломкой, соедините с мелко рубленным луком (2 головки), посолите, поперчите, посыпьте мукой и обжаривайте на топленом масле 4 минуты. Затем мясо уберите, на сковороду налейте коньяк и сливки, проварите 3 минуты, посолите, поперчите, положите мясо и прогрейте.

■ Оставшийся лук нарежьте кольцами и обжаривайте вместе с рисом на растительном масле 1 минуту. Добавьте соус, бульон, мед, нарезанные кружочками бананы и тушите под крышкой 20 минут.

■ При подаче гарнируйте телятину рисом с бананами.

• Время приготовления 40 минут

РУЛЕТ МЯСНОЙ С РИСОМ

на 4 порции

- фарш мясной   400 г
- рис   150 г
- морковь   3 шт.
- лук репчатый   2 головки
- яйца   2 шт.
- сухари панировочные   5 ст. ложек
- орехи грецкие рубленые   2 ст. ложки
- масло растительное   3 ст. ложки
- лук зеленый   20 г
- соль, перец черный молотый
- листья зеленого салата

■ Рис отварите в кипящей подсоленной воде (1:6) и откиньте на дуршлаг.

■ 1 морковь и 1 головку репчатого лука нарежьте кубиками, смешайте с рисом. Добавьте яйца, панировочные сухари, фарш, орехи, посолите и поперчите. Массу выложите в виде батона на смазанный сливочным маслом противень. Запекайте 45 минут при 160–170 °C.

■ Оставшиеся лук и морковь нарежьте соломкой и обжаривайте на растительном масле 15 минут, посолите и поперчите.

■ Рулет нарежьте ломтиками и выложите на листья салата вместе с овощами. Подавайте, посыпав нарезанным колечками зеленым луком.

• Время приготовления 1 час 20 минут

ФИЛЕ ГОВЯДИНЫ В ВИНЕ

Если нет иглы для шпигования, то можно воспользоваться длинным ножом

на 6 порций
- вырезка говяжья 1 кг
- вино красное сухое ½ стакана
- чеснок 6 зубчиков
- соль

■ Целый кусок вырезки нашпигуйте чесноком, посыпьте солью и поставьте в разогретую духовку. Через 15 минут влейте подогретое вино и запекайте мясо до готовности, периодически поливая вином и выделившимся соком.

■ Подавайте филе горячим, нарезав ломтиками и полив образовавшимся при запекании соком. Гарнируйте жареным картофелем, маринованными овощами.

Время приготовления 45 минут

ГОВЯДИНА ПО-БУРГУНДСКИ

на 6–8 порций

- мякоть говядины   1 кг
- грибы   200 г
- лук репчатый
  мелко нарезанный   1 стакан
- морковь
  мелко нарезанная   1 стакан
- вино красное сухое   1½ стакана
- коньяк   ½ стакана
- шпик   50 г
- лук-шалот   2 головки
- чеснок рубленый   1 ч. ложка
- масло растительное   2 ст. ложки
- соль, перец черный молотый

■ Говядину нарежьте, натрите чесноком, солью и перцем.

■ В жаровню с маслом и половиной шпика, нарезанной кубиками, положите слоями морковь, часть мяса и репчатого лука, нарезанные лук-шалот и часть грибов, посолите, поперчите. Затем положите второй слой мяса, на него — слой лука и грибов и наконец — третий слой мяса, покройте его тонкими ломтиками оставшегося шпика, полейте вином, коньяком и поперчите. Тушите в духовке 30—40 минут.

■ Подавайте говядину вместе с соусом, полученным при тушении. Гарнируйте отварным картофелем, свежими или консервированными овощами. Оформите зеленью.

Время приготовления 50 минут

ЖАРКОЕ ИЗ ГОВЯДИНЫ

на 6 порций

- мякоть говядины   750 г
- картофель   600 г
- лук репчатый   150 г
- кубики бульонные   2 шт.
- тесто (пресное, слоеное или дрожжевое)   300 г
- масло растительное   100 г
- зелень рубленая   3 ст. ложки
- соль, перец черный молотый

■ Говядину нарежьте продолговатыми кусочками по 2 на порцию, наденьте на шпажку и обжарьте. Положите в горшочек, не снимая со шпажки.

■ Картофель, нарезанный кубиками, слегка обжарьте на масле и уложите в горшочек поверх мяса. Сверху уложите колечки жареного лука.

■ Содержимое горшочка залейте бульоном, приготовленным из кубиков, так, чтобы он слегка покрыл продукты, посолите, поперчите.

■ Тесто разделите на 6 частей, раскатайте их в виде лепешек

■ Горшочек закройте тестом, проткните тесто насквозь шпажками и тушите в духовке 40 минут. При подаче на шпажки наколите ломтики свежего огурца и помидора. Рубленую зелень подайте отдельно.

Чтобы мясо при готовке стало нежным, его следует заранее вымочить в молоке

● Время приготовления 1 час 10 минут ●

> Мясо не пригорит и не станет сухим, если в духовку поставить небольшой сосуд с водой

на 8–10 порций

- баранина (лопатка или окорок)   1,5—2 кг
- чеснок   3 зубчика
- розмарин рубленый   2 ч. ложки
- смесь сушеных трав   1 щепотка
- соус соевый   2 ст. ложки
- соль, перец черный молотый

ЖАРЕНОЕ МЯСО БАРАШКА

■ Острым ножом сделайте в мясе несколько надрезов и вставьте в них нарезанный ломтиками чеснок. Смешайте соль с перцем и розмарином. Натрите полученной смесью мясо и положите его в жаровню. Жарьте сначала при 270 °C до образования румяной корочки, затем при 180 °C доведите до готовности.

■ Готовое мясо выложите и накройте фольгой, дайте ему постоять 15 минут.

■ Для соуса слейте из жаровни жир, в оставшийся экстракт влейте 600 г воды, посолите, поперчите, добавьте соевый соус и прокипятите.

■ Мясо нарежьте ломтиками и подайте вместе с соусом.

• Время приготовления 2 часа

МЯСО ПО-ИСПАНСКИ

О, это просто коррида!

на 10 порций
- мякоть говядины (вырезка)   800 г
- лук репчатый   3 головки
- масло растительное   2 ст. ложки
- майонез   400 г
- сыр рокфор   100 г
- рис отварной   250 г
- соус томатный или кетчуп   200 г
- соль, перец черный молотый
- зелень укропа

■ Мясо нарежьте мелкими кубиками.

■ На сковороду, разогретую с растительным маслом, выложите слой мяса, посыпьте нарезанным кольцами луком, посолите, поперчите, залейте майонезом и запекайте при 200 °C. Когда блюдо зарумянится, уменьшите нагрев и запекайте еще 15 минут.

■ Подавайте на сковороде, посыпав тертым сыром. Отдельно подайте отварной рис под томатным соусом, посыпав его рубленой зеленью.

● Время приготовления 50 минут

на 2 порции

- мякоть вареной баранины   400 г
- фасоль стручковая   300 г
- масло топленое   2 ст. ложки
- лук репчатый   1 головка
- яйца   2 шт.
- бульон   1 стакан
- соль,
  перец черный молотый
- зелень петрушки

■ Баранину нарежьте порционными кусками. Положите в сотейник, добавьте пассерованный мелко нарезанный репчатый лук, влейте немного бульона и тушите 15 минут.

■ Отдельно в бульоне припустите крупно нарезанные стручки фасоли и откиньте на дуршлаг.

■ Тушеное мясо переложите в смазанную маслом форму, сверху положите фасоль, посолите, поперчите, залейте взбитыми яйцами и запекайте 5 минут.

■ При подаче оформите зеленью.

БАРАНИНА С ФАСОЛЬЮ

- Время приготовления 40 минут

СВИНИНА С СОУСОМ ИЗ СМОРОДИНЫ

на 2 порции
- мякоть свинины 400 г

для соуса:
- сок черной смородины 100 г
- мука 1 ст. ложка
- чеснок 1 зубчик
- корень имбиря 1 см
- корица 1 щепотка
- зелень петрушки 4 веточки
- соль, перец черный молотый

■ Снимите со свинины как можно больше жира и уложите мякоть на противень с высокими бортами или в жаровню.

■ Подлейте в жаровню 100 г воды и смородиновый сок. Доведите смесь до кипения. Добавьте чеснок, имбирь, корицу и петрушку. Запекайте около часа. За время приготовления переверните свинину один раз. До подачи храните в бульоне.

■ Для соуса снимите с бульона жир, бульон процедите. Смешайте муку с 50 г воды и влейте в бульон. Доведите соус до кипения, посолите, поперчите.

■ Нарежьте свинину тонкими ломтиками и уложите на сервировочное блюдо. Соус подайте отдельно.

Дрожит свинка, острая щетинка! Что это?
(Огонь)

Время приготовления 40 минут

СВИНИНА С СОУСОМ ИЗ ПЕРЦА

на 4 порции

- мякоть свинины (спинная часть или окорок) 400 г
- маргарин 1 ст. ложка

для соуса:

- вода 200 г
- кубик бульонный ½ шт.
- лук репчатый 1 головка
- соус чили 1 ст. ложка
- соус соевый ½ ст. ложки
- горчица готовая 2 ч. ложки
- зерна красного перца толченые 1 ч. ложка
- мука пшеничная ½ ст. ложки
- сливки 100 г
- чеснок 1 зубчик
- соль, перец черный молотый

■ Воду доведите до кипения, добавьте бульонный кубик, рубленый лук, соус чили, соевый соус, горчицу и зернышки красного перца. Вновь доведите до кипения и варите на слабом огне несколько минут, немного охладите. Муку смешайте со сливками и взбейте полученную смесь с соусом. Добавьте толченый чеснок, посолите и поперчите по вкусу. Варите на слабом огне несколько минут, пока соус немного не загустеет.

■ Свинину нарежьте толстыми ломтиками, обжарьте на маргарине, посолите и поперчите. Мясо положите в соус и прогрейте на слабом огне за несколько минут до подачи.

Время приготовления 35 минут

на 6 порций

- фарш мясной   400 г
- картофель   4–5 шт.
- лук репчатый   1 головка
- чеснок   2 зубчика
- яйца   3 шт.
- орех мускатный молотый   1 ч. ложка
- кориандр молотый   1 ч. ложка
- соль, перец черный молотый
- масло растительное для фритюра
- зелень петрушки

■ Картофель промойте, очистите и отварите до готовности. Приготовьте пюре.

■ В мясной фарш добавьте мелко рубленные лук и чеснок, мускатный орех, кориандр, перец, соль и яйца. Массу хорошо перемешайте и соедините с картофельным пюре.

■ Сформуйте небольшие оладьи и обжарьте их в разогретом до 160—180 °C масле до готовности.

■ Подайте с отварным рисом, оформив зеленью.

МЯСНЫЕ ОСТРЫЕ ОЛАДЬИ

• Время приготовления 50 минут

на 2 порции
- печень гусиная   260 г
- мука пшеничная   20 г
- яйцо   1 шт.
- сухари   30 г
- соль, перец черный молотый
- масло растительное для фритюра
- зелень петрушки

ГУСИНАЯ ПЕЧЕНЬ ПО-ВЕНГЕРСКИ

■ Промытую гусиную печень нарежьте небольшими ломтиками. Поперчите, обваляйте в муке, смочите во взбитом яйце, смешанном с водой, запанируйте в сухарях и обжарьте во фритюре. Солите только перед подачей, чтобы печень не затвердела.

■ При подаче посыпьте рубленой зеленью петрушки. На гарнир подайте картофельное пюре или отварной рис.

• Время приготовления 20 минут

ЯЗЫК ПОД ЯБЛОЧНЫМ СОУСОМ

на 4 порции

- язык говяжий   1 шт.
- яблоки   4–5 шт.
- морковь   1 шт.
- корень петрушки   1 шт.
- лук репчатый   1 головка
- вино красное столовое   2 ст. ложки
- цедра лимона тертая   1 ст. ложка
- сахар   1 ч. ложка
- лавровый лист   1 шт.
- соль

■ Подготовленный язык положите в холодную воду и варите при слабом кипении 1,5–2 часа с добавлением соли, моркови, петрушки, лука и лаврового листа.

■ Переложите язык в холодную воду и, очистив от кожи, нарежьте тонкими ломтиками, прогрейте в бульоне.

■ Для соуса яблоки очистите, нарежьте ломтиками, залейте водой, проварите до мягкости, затем протрите через сито. Добавьте вино, соль, сахар, цедру, перемешайте и доведите до кипения.

■ При подаче залейте язык приготовленным соусом. Гарнируйте картофельным пюре и свежими овощами.

• Время приготовления 2 часа 20 минут

ПЕЧЕНЬ В ОСТРОМ СОУСЕ

на 6 порций

- печень телячья   650 г
- мука пшеничная   2 ст. ложки
- лук репчатый   1 головка
- перец сладкий зеленый   1 шт.
- сок томатный   1 стакан
- сок лимонный   1 ч. ложка
- масло растительное   3 ст. ложки
- соль, перец красный молотый

■ Печень мелко нарежьте, запанируйте в муке и обжарьте на масле вместе с нарезанным кольцами луком. Добавьте мелко нарезанный перец, влейте томатный сок, ½ стакана воды и лимонный сок. Тушите под крышкой 5—8 минут.

■ Подавайте с отварным картофелем, посыпав рубленой зеленью.

Для удаления желчи печень следует тщательно промыть

- Время приготовления 40 минут

ЗАПЕКАНКА С ПЕЧЕНЬЮ И ГРИБАМИ

на 6 порций

- печень куриная   500 г
- грибы   300 г
- картофель   3 шт.
- лук репчатый   1 головка
- морковь   1 шт.
- масло растительное   2 ст. ложки
- яйца вареные   2 шт.
- яйца сырые   5 шт.
- орех мускатный тертый   ¼ ч. ложки
- перец черный молотый

Запеканка — загляденье, гостям на удивленье

■ Картофель сварите до готовности в подсоленной воде. Воду слейте. Картофель подсушите и протрите. Добавьте сырые яйца, перец, мускатный орех и взбейте.

■ Лук, морковь и грибы мелко нарежьте и жарьте на масле, помешивая, 5—7 минут. Добавьте печень и жарьте все вместе под крышкой до готовности.

■ На смазанный маслом противень выложите половину картофельной массы, затем печень с овощами и грибами, нарезанные кружочками вареные яйца. Сверху отсадите оставшуюся картофельную массу в виде розочек, сбрызните маслом. Запекайте до образования золотистой корочки.

■ При подаче оформите зеленью.

● Время приготовления 1 час 10 минут

СОТЕ ИЗ КУРИЦЫ С ГРИБАМИ

на 4 порции
- филе куриные 4 шт.
- грибы белые 200 г
- помидоры 2 шт.
- сыр твердый тертый 60 г
- зелень петрушки рубленая 1 ст. ложка
- яйцо 1 шт.
- чеснок 1 зубчик
- орешки кедровые 2 ст. ложки
- вино белое сухое ½ стакана
- соль

■ Куриные филе отбейте до толщины 0,5 см, посолите.

■ Мелко нарезанные грибы и помидоры перемешайте с сыром, яйцом, рублеными зеленью и чесноком.

■ Положите смесь на отбитые филе, посыпьте орешками и сверните филе рулетиками, скрепив их деревянными шпажками.

■ Обжарьте рулетики до образования золотистой корочки, залейте вином и тушите в духовке 15 минут.

■ Подавайте рулетики, полив сочком, в котором они тушились. Оформите зеленью, цедрой и дольками апельсина.

• Время приготовления 55 минут

КУРИЦА СО СПАРЖЕЙ

на 6 порций
- филе курицы   6 шт.
- спаржа зеленая   500 г
- масло сливочное   100 г
- помидоры   6 шт.
- перец сладкий   2 шт.
- лук репчатый   1 головка
- чеснок   2 зубчика
- вино белое сухое   1 стакан
- масло растительное   2 ст. ложки
- соль, перец черный молотый

■ Филе промойте, обсушите, слегка отбейте, посолите и поперчите.

■ Спаржу, сладкий перец, помидоры и лук нарежьте кубиками. Обжарьте овощи на растительном масле, добавьте вино и тушите 15 минут.

■ Чеснок обжарьте на сливочном масле в течение 2 минут, затем положите филе и жарьте до готовности.

■ Подавайте филе на блюде, гарнируйте овощами вместе с образовавшимся соусом, оформите зеленью.

Зеленую спаржу можно не очищать от кожицы

• Время приготовления 1 час 10 минут

ЦЫПЛЕНОК ПО-ОХОТНИЧЬИ

Долго выслеживал…

на 8 порций

- цыпленок 2 шт.
- масло топленое ½ стакана
- грибы 400 г
- лук репчатый 1 головка
- вино белое сухое 1 стакан
- вода 1 стакан
- томатное пюре 1 ст. ложка
- сосиски 4 шт.
- соль, перец черный молотый

■ Тушки цыплят нарежьте порционными кусками, посолите и поперчите. Обжарьте на масле и положите на блюдо.

■ Лук нарежьте кубиками, грибы и сосиски — ломтиками.

■ В том же масле пожарьте грибы, лук и томатное пюре. Влейте вино и воду, заправьте солью, перцем и тушите 20 минут.

■ Положите в тушеные грибы кусочки цыпленка и тушите на слабом огне. В конце приготовления добавьте сосиски.

■ Подавайте с припущенным рисом.

● Время приготовления 45 минут

ЦЫПЛЕНОК ПО-МЕКСИКАНСКИ

на 1 порцию

- цыпленок 1 шт.
- помидоры 5 шт.
- лук репчатый 3 шт.
- бульон куриный 1 стакан
- масло сливочное 4 ст. ложки
- масло растительное 4 ст. ложки
- кетчуп 4 ст. ложки
- перец жгучий 1 шт.
- чеснок 2 зубчика
- корица 1 палочка
- соль, перец черный молотый

■ Тушку цыпленка посолите, поперчите и обжарьте на смеси сливочного и растительного масла до золотистого цвета.

■ На том же жире обжарьте рубленые лук и чеснок. Добавьте нарезанные помидоры, кетчуп, корицу, жгучий перец, положите цыпленка, влейте бульон и тушите под крышкой до готовности.

■ Готового цыпленка выложите, соус процедите. Овощи протрите и соедините с соусом.

■ Цыпленка подавайте с приготовленным соусом, гарнируйте жареным картофелем или отварным рисом.

Это вам не мексиканский тушкан!

Время приготовления 45 минут

РУЛЕТЫ В ПЕРСИКОВОМ СОУСЕ

на 4 порции

- филе куриные   4 шт.
- брынза   80 г
- фундук   50 г
- зелень петрушки   20 г
- масло растительное   2 ст. ложки
- томатная паста   2 ст. ложки
- бульон из кубиков   2 стакана
- сливки   ½ стакана
- персики   2 шт.
- соль, перец черный молотый

• Время приготовления 1 час 10 минут

■ Филе слегка отбейте, посолите, поперчите. Брынзу натрите, орехи и петрушку порубите.

■ Выложите брынзу, ½ орехов и зелень на филе курицы, сверните филе рулетами, скрепите шпажками и переложите в форму для запекания.

■ Масло смешайте с томатной пастой, смажьте полученной смесью рулеты и запекайте их 40 минут.

■ Рулеты выньте и поставьте в теплое место.

■ Для соуса выделившийся при жаренье сок разведите бульоном, сливками и слегка уварите, добавив нарезанные тонкими дольками персики, посолите и поперчите.

■ При подаче рулеты полейте соусом и посыпьте рублеными орехами.

РУЛЕТИКИ ИЗ ИНДЕЙКИ С СЫРОМ

Мясо индейки – ценный диетический продукт

на 4 порции

- филе индейки 4 шт.
- сыр твердый 125 г
- окорок сырокопченый 4 ломтика
- томатная паста 3 ст. ложки
- масло растительное 2 ст. ложки
- базилик рубленый 2 ч. ложки
- соль, перец черный молотый

■ Филе слегка отбейте, посолите, поперчите и посыпьте базиликом. Сыр нарежьте тонкими ломтиками.

■ На филе уложите по ломтику окорока и сыра, сверните филе рулетиками, скрепите шпажками и обжарьте на масле.

■ Влейте немного воды и тушите под крышкой 30 минут на среднем огне. Готовые рулетики выложите.

■ Для соуса в полученный при тушении бульон положите томатную пасту. Соус посолите, поперчите и прогрейте.

■ Подавайте рулетики вместе с приготовленным соусом, оформив зеленью. Гарнируйте шпинатом и отварным рисом.

• Время приготовления 45 минут •

ФИЛЕ УТКИ С ОРЕХАМИ

на 6 порций

- филе утки   6 шт.
- орехи грецкие   1 стакан
- фасоль стручковая   600 г
- оливки без косточек   120 г
- масло сливочное   120 г
- йогурт   1½ стакана
- горчица   1 ст. ложка
  соль, перец черный молотый

■ Масло растопите и соедините с горчицей. Орехи измельчите. Филе отбейте до толщины 0,5 см, посолите, поперчите, обмакните в горчичную смесь, запаньруйте в орехах. Уложите филе на противень, выстеленный фольгой, и запекайте 15 минут.

■ Для соуса йогурт смешайте с нарезанными оливками и прогревайте 2 минуты на слабом огне.

■ На блюдо налейте приготовленный соус, уложите филе, оформите зеленью. Гарнируйте отварной стручковой фасолью.

• Время приготовления 1 час 10 минут

ОКОРОЧКА КУРИНЫЕ ФАРШИРОВАННЫЕ

Окорочка маршировали, чтоб мы их нафаршировали

на 2 порции

- окорочка куриные   2 шт.
- печень куриная   60 г
- хлеб пшеничный   60 г
- молоко   40 г
- лук репчатый   1 головка
- масло сливочное   100 г
- сметана   2 ст. ложки
- орех мускатный тертый
- соль, перец черный молотый

■ С куриной ножки снимите кожу, не отрывая от нижнего конца косточки. Косточку перерубите, мякоть пропустите через мясорубку.

■ Хлеб, замоченный в молоке, дважды пропустите через мясорубку.

■ Лук нашинкуйте соломкой и обжарьте на масле, добавьте предварительно ошпаренную куриную печень, жарьте еще 5 минут, затем печень охладите и нарежьте мелкими кубиками.

■ Подготовленные продукты соедините и заправьте специями. Кожу начините, зашейте, смажьте сметаной и жарьте изделие 15—20 минут в духовке.

■ Подайте с отварным рисом.

• Время приготовления 50 минут

ФАРШИРОВАННОЕ ФИЛЕ КУРИЦЫ

на 8 порций
- филе курицы   8 шт.
- грибы   400 г
- сыр твердый тертый   180 г
- семена кунжута   4 ст. ложки
- соус соевый   1 ч. ложка
- батон пшеничный   1 шт.
- яйца   2 шт.
- масло топленое   150 г
- зелень
- соль

■ С батона срежьте корочки, мякиш натрите на терке и подсушите на воздухе.

■ Грибы очистите, мелко порубите и обжарьте на части масла. Охладите и смешайте с сыром, кунжутом и соевым соусом.

■ Филе разрежьте продольно и отбейте. Посолите, положите грибную начинку. Придайте филе овальную форму, смочите в яйцах и запанируйте в сухарях. Обжарьте на масле, затем прогрейте в духовке.

■ Подайте со свежими овощами, оформив зеленью.

Время приготовления 1 час

Тот, кто ест кунжут, в постели всегда на высоте

ОКОРОЧКА ФАРШИРОВАННЫЕ

на 4 порции

- окорочка куриные 4 шт.
- грибы 400 г
- капуста белокочанная 60 г
- ветчина 50 г
- сыр 80 г
- лук репчатый 1 головка
- яйцо 1 шт.
- масло сливочное 4 ст. ложки
- мука пшеничная 2 ст. ложки
- соль

■ С окорочков снимите кожу чулком, мякоть отделите от костей и мелко порубите.

■ Для фарша капусту нашинкуйте и обжарьте на масле вместе с мелко нарезанными грибами, ветчиной, куриной мякотью и луком. Охладите, затем соедините с тертым сыром.

■ Кожу наполните фаршем, придайте ей форму целой ножки, сколите шпажкой, смочите во взбитом яйце, запанируйте в муке и запекайте 20—25 минут.

■ При подаче гарнируйте свежими или маринованными овощами.

• Время приготовления 1 час

УТКА С ЧЕРНОСЛИВОМ И МОРКОВЬЮ

на 6 порций

- утка 1 шт.
- чернослив без косточек 200 г
- морковь отварная 1 шт.
- яйца 2 шт.
- хлеб белый черствый 2 ломтика
- молоко ½ стакана
- сметана 2 ст. ложки
- орех мускатный тертый

■ Подготовленную тушку утки надрежьте со стороны спинки и аккуратно снимите с нее кожу вместе с крылышками и ножками.

■ Мякоть отделите от костей, вместе с замоченным в молоке хлебом пропустите через мясорубку, посолите, поперчите, добавьте мускатный орех, яйца, нарезанные кубиками размоченный чернослив и морковь. Полученным фаршем заполните кожу, края соедините и зашейте.

■ Фаршированную утку посолите, уложите спинкой вниз на противень, смажьте сметаной и жарьте в духовке при 240 °C до образования корочки, затем нагрев уменьшите и доведите птицу до готовности.

■ Освободите утку от ниток и подайте на подогретом блюде, оформив черносливом, маринованными овощами и зеленью.

Время приготовления 1 час 10 минут

ЦЫПЛЕНОК В ТЕСТЕ

на 4 порции
- цыпленок вареный 1 шт.
- зелень рубленая 20 г
- яйцо 1 шт.

для теста:
- мука пшеничная 460 г
- маргарин 250 г
- сметана 150 г

■ Для теста охлажденный маргарин порубите с мукой до консистенции хлебных крошек, добавьте сметану и замесите тесто. Выдержите его в холодильнике 30 минут.

■ Цыпленка разделите на порции, запанируйте в рубленой зелени. Тесто раскатайте, заверните в него кусочки цыпленка, сверху сделайте надрезы, смажьте тесто яйцом.

■ Выпекайте на противне, выстеленном бумагой, при 220 °C до образования золотистой корочки.

● Время приготовления 1 час

Чем проще рецепт, тем заметнее искусство кулинара

на 2 порции
- цыпленок   500 г
- масло растительное   40 г
- лук репчатый   50 г
- бульон   100 г
- морковь   50 г
- помидоры консервированные   100 г
- чеснок   2 зубчика
- лимон   2 ломтика
- мука пшеничная   1 ст. ложка
- соль, перец черный молотый
- зелень

Гостей встречаем по наряду, а кушанье – по маринаду

ЦЫПЛЯТА С МАРИНАДОМ

■ Муку обжаривайте при помешивании до запаха каленого ореха.

■ Для томатного маринада нашинкованные соломкой морковь, лук и нарезанные ломтиками помидоры спассеруйте на масле, добавьте подготовленную муку, специи, чеснок, бульон и проварите маринад до загустения.

■ Тушку цыпленка нарубите по 2–3 куска на порцию, обжарьте на масле до образования золотистой корочки, уложите в смазанную маслом жаровню, залейте маринадом и запеките.

■ При подаче посыпьте рубленой зеленью и оформите ломтиками лимона. Отдельно подайте салат из свежих помидоров, огурцов.

■ Время приготовления 55 минут

на 2 порции

для теста:
- мука пшеничная 5 ст. ложек
- молоко 250 г
- яйца 3 шт.
- масло растительное 1½ ст. ложки
- соль

для начинки:
- мякоть свинины 300 г
- кукуруза консервированная 200 г
- фасоль консервированная 200 г
- сметана 50 г
- чеснок 2 зубчика
- лук репчатый 1 головка
- масло растительное 1½ ст. ложки
- кетчуп 1 ст. ложка
- помидоры 2 шт.
- соль, перец красный молотый

■ Взбейте яйца с молоком, солью и мукой. На раскаленной сковороде, смазанной маслом, испеките 8 блинчиков, поставьте их в теплое место.

■ Свинину мелко нарежьте, посолите, поперчите, обжарьте на масле, добавьте измельченные лук и чеснок, жарьте все вместе еще несколько минут.

■ Готовое мясо соедините с кукурузой, фасолью, кетчупом, мелко нарезанными помидорами, сметаной и прогрейте при помешивании.

■ Начинку разложите на блинчики и сверните их пополам. При подаче оформите зеленью.

Свинина – это тоже овощ, только дорогой и вкусный

БЛИНЧИКИ
С ОВОЩАМИ

Время приготовления 40 минут

на 6 порций

для теста:
- мука пшеничная   200 г
- молоко   500 г
- сахар   15 г
- яйцо   1 шт.
- соль
- масло растительное   1 ст. ложка

для фарша:
- грибы   200 г
- лук репчатый   60 г
- масло топленое   50 г
- крошки хлебные   20 г
- яйцо   1 шт.
- соль, перец черный молотый

Ничего не пропадает, даже хлебные крошки!

БЛИНЧИКИ С ГРИБАМИ

■ Яйцо взбейте с солью и сахаром. Добавьте молоко, муку и замесите тесто. На раскаленной сковороде, смазанной маслом, испеките блинчики.

■ Грибы и лук порубите, обжарьте на масле по отдельности, а затем соедините. Добавьте желток, посолите, поперчите.

■ Фарш уложите на блинчики, сверните их, смочите яичным белком и обваляйте в крошках.

■ Обжарьте блинчики на масле и прогрейте 5—6 минут в духовке.

• Время приготовления 40 минут

на 8 порций

- яйцо   1 шт.
- сухари панировочные   2 ст. ложки
- масло сливочное   2 ст. ложки
- сыр твердый тертый   2 ст. ложки

для теста:
- мука пшеничная   2 стакана
- молоко   2 стакана
- яйца   3 шт.
- сода пищевая   на кончике ножа
- сахар   1 ст. ложка
- соль   ½ ч. ложки

для фарша:
- филе горбуши   500 г
- лук репчатый   1 головка
- маргарин   2 ст. ложки
- зелень укропа рубленая   1 ст. ложка
- соль

■ Из указанных ингредиентов замесите тесто и испеките тонкие блинчики.

■ Для фарша рыбное филе припустите с солью до готовности, охладите. Затем пропустите филе вместе с луком через мясорубку, добавьте зелень, растопленный маргарин, хорошо перемешайте.

■ На блинчики уложите фарш и сверните их трубочками.

■ Концы трубочек смажьте яйцом, запанируйте в сухарях. Трубочки обжарьте.

■ При подаче посыпьте тертым сыром.

ТРУБОЧКИ С РЫБНЫМ ФАРШЕМ

Трубочки, рулетики, конвертики... Главное — начинка!

• Время приготовления 50 минут •

на 6–8 порций

- мука пшеничная   2½ стакана
- мякоть свинины   100 г
- креветки очищенные   100 г
- капуста белокочанная   100 г
- глютамат натрия или приправа вегета   ½ ч. ложки
- крахмал кукурузный   1 ч. ложка
- масло растительное   5 ст. ложек
- соль

И рыба, и мясо. Должно быть, это вкусно

БЛИНЧИКИ С МЯСОМ И КРЕВЕТКАМИ

■ Мякоть свинины нарежьте небольшими тонкими ломтиками. Капусту нашинкуйте соломкой.

■ На разогретом масле (2 столовые ложки) обжарьте, постоянно помешивая, свинину, капусту и креветок. Добавьте глютамат натрия, соль, 2 столовые ложки воды и доведите ее до кипения. Введите разведенный небольшим количеством воды крахмал и тушите соус до загустения.

■ Замесите тесто из муки, 1 стакана воды и соли, перемешайте до однородной массы. Выпекайте блинчики на смазанной маслом сковороде.

■ В центр блинчиков уложите начинку и сверните их конвертиками. Обжаривайте подготовленные блинчики с обеих сторон на оставшемся разогретом масле до образования золотистой корочки.

- Время приготовления 1 час

ПИЦЦА С ГРИБАМИ

на 4 порции

для теста:
- мука пшеничная 1½ стакана
- сметана 3 ст. ложки
- маргарин 230 г
- сахар, сода, уксус 3%-й по 1 ч. ложке
- соль

для начинки:
- грибы 600 г
- лук репчатый 1 головка
- масло растительное 2 ст. ложки
- помидоры 2 шт.
- яйца 2 шт.
- сметана ⅔ стакана
- сыр твердый 100 г
- зелень петрушки и базилика рубленая 1 ст. ложка
- соль

■ Для начинки мелко нарезанные лук и грибы обжарьте на растительном масле, посолите.

■ Для теста размягченный маргарин взбейте, добавьте сметану, соль, сахар, гашенную уксусом соду и просеянную муку. Из готового теста раскатайте лепешку и уложите ее в смазанную маслом форму, сформовав бортик.

■ На лепешку выложите начинку, на нее — зелень, нарезанные кружочками помидоры. Полейте сметаной, взбитой с яйцами, посыпьте тертым сыром и запекайте 40 минут.

■ Выложите пиццу на блюдо.

• Время приготовления 1 час 20 минут

Грибы в булочке – как драгоценности в шкатулочке

ЗАВАРНЫЕ БУЛОЧКИ С ГРИБАМИ

на 15–20 штук

для теста:
- мука пшеничная   2 стакана
- вода   2 стакана
- масло сливочное   200 г
- яйца   8 шт.
- соль   ½ ч. ложки

для начинки:
- грибы   300 г
- сыр рокфор   300 г
- масло сливочное   100 г
- зелень петрушки рубленая   2 ст. ложки
- соль

■ В кипящей воде растопите масло, всыпьте соль, муку и варите 2—5 минут, непрерывно помешивая, пока тесто не станет эластичным. Охладите до 60 °C и по одному введите яйца, каждый раз вымешивая тесто до однородной консистенции. Готовое тесто отсадите из кондитерского мешка на противень небольшими порциями и выпекайте 15–20 минут при 210 °C. Как только булочки поднимутся и зарумянятся, уменьшите нагрев и выпекайте еще 15 минут.

■ Для начинки мелко нарезанные грибы обжарьте на ½ масла, посолите и перемешайте с частью раскрошенного сыра.

■ Готовые булочки, надрезав, наполните начинкой, смажьте оставшимся маслом и посыпьте смесью зелени и сыра.

● Время приготовления 1 час 10 минут

ПИРОГ С ГРИБАМИ

на 12 порций

для теста:
- мука пшеничная   1 стакан
- маргарин   100 г
- яйцо   1 шт.
- вода   1 ст. ложка
- соль

для начинки:
- грибы   400 г
- бекон   120 г
- лук зеленый   200 г
- яйца   3 шт.
- молоко   2 ст. ложки
- тимьян сушеный молотый   1 ч. ложка
- сыр твердый тертый   3 ст. ложки
- зелень укропа рубленая   1 ст. ложка
- соль, перец черный молотый

■ Маргарин разотрите с мукой, добавьте соль, яйцо и воду. Замесите тесто, скатайте в шар и охладите.

■ Тесто раскатайте, выложите в смазанную маслом форму, наколите вилкой. Положите на тесто пергамент, вырезанный по диаметру формы, насыпьте сухую фасоль или горох. Выпекайте 10 минут при 220 °C, затем уберите фасоль и бумагу и выпекайте основу пирога до образования золотистой корочки.

■ Бекон и грибы нарежьте ломтиками и обжарьте вместе с нашинкованным луком. Добавьте соль, перец и тимьян.

■ На выпеченную основу слоем уложите смесь бекона, грибов и лука, залейте смесью яиц и молока. Посыпьте сыром и запеките.

● Время приготовления 50 минут

ПИЦЦА С ЦВЕТНОЙ КАПУСТОЙ

на 4 порции

для теста:
- мука пшеничная   200 г
- сахар   20 г
- масло сливочное   135 г
- яйцо   1 шт.

для начинки:
- капуста цветная   400 г
- майонез   100 г
- орехи рубленые   50 г
- перец сладкий   1 шт.
- лук зеленый
- сок лимона

■ Масло с мукой порубите до получения мелкой крошки, добавьте сахар и яйцо. Замесите тесто, выдержите его в холодильнике 30 минут, раскатайте в тонкий пласт и выложите на противень.

■ Цветную капусту разберите на соцветия, смешайте с нарезанным полукольцами перцем и рубленым луком, сбрызните соком лимона.

■ Выложите начинку на тесто, смажьте майонезом и посыпьте орехами.

■ Выпекайте пиццу 20 минут при 230 °C.

• Время приготовления 1 час 10 минут

ПИРОГ С БРОККОЛИ

на 4 порции
- мука пшеничная   250 г
- брокколи   250 г
- помидоры черри   250 г
- шампиньоны мелкие   100 г
- сыр твердый   100 г
- творог   125 г
- сливки густые   1 стакан
- яйца   2 шт.
- масло растительное   6 ст. ложек
- разрыхлитель   ½ ч. ложки
- соль, перец черный молотый

■ Творог смешайте с маслом, солью, яичным белком, мукой и разрыхлителем. Замесите тесто, выдержите его на холоде.

■ Для начинки брокколи бланшируйте в подсоленной воде 4 минуты, откиньте на дуршлаг. Сливки взбейте с яйцом и яичным желтком, тертым сыром, солью и перцем, перемешайте с нарезанными овощами и грибами.

■ Выложите тесто в смазанную маслом форму, сделайте несколько проколов вилкой. Сверху выложите начинку и выпекайте пирог 45 минут при 180 °C.

Время приготовления 1 час 15 минут

СПАНАКОПИТТА С БРЫНЗОЙ

на 8 порций

- тесто слоеное   300 г
- шпинат вареный рубленый   450 г
- брынза   80 г
- масло оливковое   2 ст. ложки
- лук репчатый   1 головка
- чеснок   4 зубчика
- кинза рубленая   2 ст. ложки
- орех мускатный тертый   ½ ч. ложки
- яйцо   1 шт.
- масло сливочное   3 ст. ложки
- соль, перец черный молотый

■ Рубленые лук и чеснок спассеруйте на оливковом масле, добавьте шпинат и прогрейте 2 минуты. Остудите. Перемешайте с пряностями, брынзой, яйцом, посолите.

■ Тесто разделите на 2 неравные части, большую раскатайте в пласт размером 30×30 см. В смазанную маслом форму положите пласт теста, сверху — начинку из шпината. Затем положите раскатанную меньшую часть теста. Смажьте сливочным маслом, сделайте несколько проколов. Выпекайте пирог до готовности.

■ Подавайте, нарезав на порции.

Кипр — страна питт, а эта — лучшая

Время приготовления 50 минут

ПИРОЖКИ С ПОМИДОРАМИ

на 12 штук
- помидоры   6 шт.
- тесто слоеное   400 г
- сыр   125 г
- масло растительное   4 ст. ложки
- соль, перец черный молотый

■ Тесто тонко раскатайте и вырежьте 12 квадратов со стороной 10 см.

■ Для начинки сыр нарежьте мелкими кубиками и смешайте с маслом, солью и перцем. Помидоры разрежьте пополам.

■ Тесто разложите в формочки, края разверните. Положите помидоры на тесто выпуклой стороной вниз, сверху разложите сырную смесь и посыпьте зеленью.

■ Выпекайте 30 минут при 200 °C, пока сыр не расплавится.

Время приготовления 30 минут

БРИКИ С МЯСОМ И СЫРОМ

*Чики-брики...
Чики-брики...
Получились — пирожки!*

на 10 штук

для теста:
- мука 400 г
- маргарин 100 г
- вода 1 стакан
- яйцо 1 шт.
- соль

для фарша:
- телятина 200 г
- сыр тертый 100 г
- масло топленое 20 г
- лук репчатый 1 головка
- яйца вареные 2 шт.
- масло растительное для обжаривания
- соль, перец черный молотый

■ Мясо и лук мелко порубите и обжарьте на топленом масле. Приправьте по вкусу.

■ Яйца натрите на терке и смешайте с сыром и мясом.

■ Замесите тесто из указанных продуктов, раскатайте в пласт толщиной 4 мм и вырежьте кружки диаметром 10 см.

■ На каждый кружок уложите столовую ложку начинки, сложите кружки пополам и прижмите края, чтобы склеились.

■ Обжарьте брики в растительном масле до образования румяной корочки, а затем немного прогрейте в духовке.

● Время приготовления 40 минут

ПИЦЦА С КУРИНОЙ ПЕЧЕНЬЮ

на 4 порции

для теста:
- мука пшеничная   200 г
- соль   ½ ч. ложки
- дрожжи   10 г
- сахар   ½ ч. ложки
- масло растительное   1 ст. ложка
- масло сливочное   1 ч. ложка

для начинки:
- печень куриная   300 г
- помидоры   2 шт.
- маслины   3 ст. ложки
- лук репчатый   2 головки
- масло сливочное   80 г
- майонез   4 ст. ложки
- соль, перец черный молотый

■ Дрожжи, соль и сахар растворите в ½ стакана теплой воды, добавьте муку и растительное масло, замесите тесто и поставьте в теплое место для брожения. Как только тесто поднимется, промесите его, накройте тканью и дайте вновь подняться. Готовое тесто не прилипает к рукам и хорошо отстает от стенок посуды.

■ Печень нарежьте кусочками, лук и половину маслин — кольцами. Лук обжарьте на сливочном масле до золотистого цвета, добавьте печень и жарьте еще 12–15 минут, перемешайте.

■ Тесто раскатайте и выложите на смазанный маслом противень, выложите начинку, сверху — нарезанные кружочками помидоры, смажьте майонезом и оформите маслинами. Выпекайте 20–25 минут при 210 °C.

■ При подаче пиццу посыпьте рубленой зеленью.

• Время приготовления 3 часа 10 минут

ПИРОГ С КУРИЦЕЙ

на 8 порций

для теста:
- мука пшеничная   250 г
- соль   ½ ч. ложки
- маргарин   125 г
- вода холодная   50 г

для начинки:
- курица   1 шт.
- грибы   300 г
- лук репчатый   1 головка
- масло сливочное   80 г
- перец сладкий   1 шт.
- яйца   2 шт.
- сливки   50 г
- зелень укропа   1 пучок
- соль, орех мускатный

■ Смешайте муку, соль и маргарин так, чтобы тесто напоминало хлебные крошки, добавьте воду и замесите тесто. Скатайте его в шар и уберите в холодильник на 30 минут.

■ Тушку курицы натрите солью, обжарьте до готовности, охладите, снимите мякоть с костей и нарежьте ее соломкой.

■ Лук нарежьте соломкой, обжарьте на масле в течение 5 минут, добавьте нарезанные соломкой грибы и сладкий перец и жарьте при помешивании до готовности. Смешайте с курицей, рубленой зеленью укропа, заправьте солью и молотым мускатным орехом. Перемешайте.

■ Тесто раскатайте, выложите в смазанную маслом форму, проткните в нескольких местах вилкой и запекайте 20 минут при 200 °C.

■ На выпеченное тесто уложите начинку, залейте смесью яиц со сливками, посолите и выпекайте еще 20 минут.

- Время приготовления 1 час 25 минут

ПИРОЖКИ С ПЕЧЕНЬЮ

на 10–15 штук
- тесто дрожжевое   500 г
- печень говяжья   250 г
- лук репчатый   150 г
- сыр тёртый   100 г
- масло растительное   120 г
- соль, перец чёрный молотый

■ Печень нарежьте кусочками и обжарьте на масле (70 г). Охладите и пропустите через мясорубку вместе с луком. Добавьте сыр, приправьте специями по вкусу и разотрите. Можно развести бульоном.

■ Разделайте тесто на кусочки, подкатайте в шарики и дайте им расстояться, а затем раскатайте лепёшки. На середину каждой уложите приготовленную начинку, защипните края.

■ Пирожки обжарьте на оставшемся масле.

• Время приготовления 40 минут плюс брожение

на 4 порции

- бананы 6 шт.
- шоколад 30 г
- сахарная пудра 50 г
- орехи грецкие рубленые 2 ст. ложки
- сливки взбитые 200 г

■ Смешайте сахарную пудру с тертым шоколадом и орехами.

■ Бананы очистите, нарежьте кружочками и обваляйте в приготовленной смеси.

■ Уложите бананы на блюдо и оформите взбитыми сливками.

Простой способ стать счастливым. Бананы – копилка витаминов!

БАНАНОВЫЙ САЛАТ

- Время приготовления 10 минут

241

САЛАТ
ИЗ СУХОФРУКТОВ

Волшебная комбинация из сухофруктов

на 4 порции
- чернослив 100 г
- изюм 100 г
- курага 100 г
- финики 100 г
- орехи грецкие ½ стакана
- сметана густая ¾ стакана
- сахар 2 ст. ложки

■ Сухофрукты промойте и по отдельности залейте холодной кипячёной водой.

■ Набухшие сухофрукты обсушите. Чернослив и финики, удалив косточки, нарежьте ломтиками.

■ Орехи измельчите и обжарьте.

■ Уложите сухофрукты слоями в салатник, пересыпая каждый слой орехами, и залейте сметаной, взбитой с сахаром.

● Время приготовления 1 час 10 минут

Грушевый салат с кремом

на 4 порции
- груши крупные   4 шт.
- сок лимонный   3 ст. ложки
- ликер грушевый   2 ст. ложки
- сыр сливочный   100 г
- сливки   3 ст. ложки
- брусника протертая   2 ст. ложки
- виноград черный   150 г
- орехи грецкие   25 г

■ Груши очистите и нарежьте ломтиками.

■ Лимонный сок смешайте с ликером.

■ Ломтики груш уложите на блюдо, сбрызните смесью сока с ликером и дайте настояться.

■ Для крема сыр разомните вилкой и разотрите со сливками и брусникой в однородную массу.

■ Выложите крем на груши. Оформите салат виноградом и орехами.

Кстати, чтобы сыр полностью проявил свой вкус, достаньте его из холодильника заранее

- Время приготовления 25 минут

на 4 порции
- абрикосы 150 г
- капуста белокочанная 100 г
- яблоки 100 г
- морковь 80 г
- репа 80 г
- сметана 80 г
- сахар 1 ч. ложка
- сок ⅓ лимона
- листья зеленого салата
- зелень

А я добавлю немного кедровых орешков... Настоящий таежный вкус

САЛАТ С АБРИКОСАМИ

■ Морковь, яблоки и репу нарежьте соломкой. Капусту нашинкуйте и слегка перетрите руками. Абрикосы разрежьте на четвертинки.

■ Для соуса взбейте сметану с лимонным соком и сахаром.

■ Подготовленные ингредиенты уложите на листья салата. Полейте приготовленным соусом.

■ Оформите ломтиками абрикосов и зеленью.

• Время приготовления 15 минут •

ФРУКТОВЫЙ САЛАТ В АНАНАСЕ

на 10 порций
- апельсины 3 шт.
- ананас 1 шт.
- яблоки 3 шт.
- орехи грецкие 20 г
- чернослив без косточек 20 г
- изюм ½ стакана
- сметана 500 г
- сахар 1 стакан

■ Апельсины очистите, разберите на дольки. Яблоки нарежьте ломтиками. Орехи измельчите.

■ Ананас разрежьте пополам, выньте мякоть, удалите у нее сердцевину. Мякоть нарежьте ломтиками.

■ Распарьте чернослив и изюм. Чернослив нарежьте кубиками.

■ Ингредиенты перемешайте, уложите салат в половинки ананаса и залейте взбитой с сахаром сметаной.

• Время приготовления 30 минут

ФРУКТОВО-ОВОЩНОЙ САЛАТ

на 4 порции
- капуста белокочанная 200 г
- лук зеленый 8 перьев
- морковь 1 шт.
- апельсин 1 шт.
- яблоки 2 шт.
- фрукты консервированные нарезанные 2 ст. ложки
- сок лимонный 2 ст. ложки
- сметана 4 ст. ложки
- сахар 1 ст. ложка
- соль

И ненадолго почувствовать себя зайчиком...

■ Капусту и морковь промойте, очистите и нарежьте соломкой. 1 яблоко, очищенный от кожуры апельсин и промытый зеленый лук мелко нарежьте. Ингредиенты соедините, добавьте сахар, соль, консервированные фрукты, заправьте лимонным соком, сметаной и перемешайте.

■ Оформите яблоком.

• Время приготовления 20 минут

на 4 порции

- апельсины 5 шт.
- лук репчатый красный 1 головка
- маслины без косточек 80 г
- зелень петрушки рубленая 2 ст. ложки
- мед 1 ст. ложка
- сок лимонный 2 ст. ложки
- масло оливковое 1 ст. ложка
- орешки кедровые 30 г

■ Кедровые орешки обжаривайте 2 минуты, постоянно помешивая.

■ Апельсины очистите, нарежьте кружочками и уложите на блюдо.

■ Лук и маслины нарежьте кольцами, выложите на апельсины. Посыпьте зеленью.

■ Соедините мед с лимонным соком, добавьте масло и перемешайте.

■ Полейте салат полученным соусом и выдержите в холодильнике 1 час.

■ Перед подачей оформите салат орешками.

АПЕЛЬСИНЫ ПО-МАРОККАНСКИ

- Время приготовления 1 час 15 минут

ФРУКТОВЫЙ САЛАТ СО СЛИВКАМИ

Если добавить в сливки немного нежирной сметаны – они взобьются быстрее

на 6 порций
- яблоки кисло-сладкие 2 шт.
- апельсины 2 шт.
- виноград черный 200 г
- орехи грецкие 60 г
- сливки густые ½ стакана
- сок апельсиновый 2 ст. ложки
- ликер апельсиновый 2 ст. ложки
- сахар ванильный 1 пакетик

■ Яблоки очистите от семян, апельсины — от кожуры и белых волокон, нарежьте ломтиками.

■ Ягоды винограда разрежьте пополам, удалите косточки.

■ Смешайте фрукты с рублеными орехами и уложите в вазочки.

■ При подаче полейте салат апельсиновым соком, смешанным с ликером, и оформите сливками, взбитыми с ванильным сахаром.

• Время приготовления 30 минут

СЛИВЫ В ВИНЕ

на 6 порций

- сливы   600 г
- вино красное сухое   ½ стакана
- сливки густые   200 г
- сахар   100 г
- миндаль жареный рубленый   2 ст. ложки
- корица молотая   ½ ч. ложки
- гвоздика   2 шт.

■ Смешайте вино с сахаром, корицей, гвоздикой и залейте сливы. Проварите 7–10 минут, остудите.

■ При подаче сливы разложите в вазочки, полейте винным сиропом. Оформите взбитыми сливками и посыпьте миндалем.

Сливы богаты магнием, железом и витамином А

- Время приготовления 20 минут

на 4 порции
- манго 2 шт.
- лаймы 2 шт.
- сахар 3 ст. ложки
- сироп гранатовый 1 ст. ложка

Вкус манго — это сочетание персика и ананаса. Божественно!

■ Лаймы промойте, острым ножом снимите цедру и нарежьте ее соломкой. Из мякоти лаймов выжмите сок.

■ Цедру опустите в кипящую воду и бланшируйте 1 минуту. Воду слейте. Добавьте к цедре сахар, сок и сироп. Полученную массу доведите до кипения и варите на слабом огне 5 минут. Охладите.

■ Манго очистите, разрежьте пополам, удалите косточку, мякоть нарежьте дольками.

■ Перед подачей выложите на дольки манго цедру вместе с сиропом.

МАНГО С ЗАСАХАРЕННОЙ ЦЕДРОЙ

■ Время приготовления 20 минут

АБРИКОСЫ С МОЛОКОМ

Экспресс-десерт! Вопреки своим принципам советую заменить молоко сливочным йогуртом

на 4 порции
- абрикосы спелые   400 г
- молоко   0,5 л
- мед   40 г
- орехи грецкие рубленые   100 г

- Время приготовления 10 минут

■ Абрикосы промойте и, удалив косточки, нарежьте тонкими ломтиками.

■ Залейте абрикосы охлажденным кипяченым молоком, смешанным с медом, посыпьте орехами и сразу подавайте.

ПЕРСИКИ В РЕВЕНЕВОМ СОУСЕ

на 6 порций
- персики 6 шт.
- ревень 400 г
- вода 2 стакана
- вино белое сухое 1 стакан
- сахар ванильный 1 ст. ложка
- тимьян 3 веточки
- сахар 2 стакана

■ Нагрейте воду до кипения, затем добавьте вино, ванильный сахар, рубленый тимьян и сахар. Варите на среднем огне 15 минут. Остудите.

■ Положите в сироп нарезанные персики и варите на слабом огне.

■ Ревень нарежьте кусочками. Персики выньте из сиропа. Сироп уварите на четверть, затем остудите. В сироп положите ревень, доведите до кипения, прогрейте.

■ Персики выложите на блюдо вместе с ревенем в сиропе. Оформите карамелью, клубникой и листиками мяты.

А к десерту — ликер!

• Время приготовления 45 минут

КОНДЕ С БАНАНАМИ

на 6 порций
- бананы 6 шт.
- апельсины 2 шт.
- мандарины 2 шт.
- яблоки 2 шт.
- рис 1 стакан
- желатин 1 ст. ложка
- молоко 2 стакана
- сахар 3 ст. ложки
- вода ½ стакана

■ Рис отварите в молоке, добавьте измельченные бананы (один оставьте для оформления), часть распущенного желатина, перемешайте и наполните массой форму. Охладите.

■ Яблоки, апельсины, мандарины и банан очистите и нарежьте ломтиками.

■ Из сахара и воды приготовьте сироп.

■ Фрукты опустите в сироп на 3 минуты, затем выложите, дайте сиропу стечь.

■ Конде и часть фруктов выложите на блюдо. Оформите оставшимися фруктами, лаймом и ягодами.

• Время приготовления 50 минут

ПЕРСИКОВЫЙ ДЕСЕРТ

на 6 порций
- персики   6 шт.
- сахар   1 стакан
- шоколад тертый   3 ч. ложки
- крахмал   1 ч. ложка
- сок лимонный   2 ч. ложки
- цедра ½ лимона
- корень имбиря тертый   ½ ч. ложки
- корица молотая   ½ ч. ложки
- вино белое и вода   по ½ стакана
- мороженое сливочное в брикетах   200 г

■ Персики ошпарьте, очистите от кожицы, разрежьте пополам и удалите косточки.

■ Смешайте вино с водой, лимонным соком, цедрой, имбирем, сахаром, корицей, доведите до кипения, помешивая, чтобы растворился сахар, положите персики и проварите 5–7 минут.

■ Персики выньте, в сироп введите крахмал, разведенный небольшим количеством воды, доведите до кипения. Охладите.

■ В вазочки положите прямоугольные кусочки мороженого, на них — половинки персика. Залейте персики приготовленным соусом и посыпьте шоколадной крошкой.

За уши не оттащишь!

● Время приготовления 30 минут ●

ЗИМНИЙ ДЕСЕРТ

Холодными зимними вечерами...

на 6 порций
- апельсины 6 шт.
- яблоки 3 шт.
- стружка кокосовая 6 ст. ложек
- орехи грецкие рубленые 200 г
- сахар 100 г
- вино белое сухое ½ стакана

Время приготовления 30 минут

■ Яблоки и апельсины очистите от кожицы и семян, нарежьте кружочками. Уложите, чередуя, слои яблок и апельсинов, пересыпая их сахаром, кокосовой стружкой и орехами.

■ Дайте настояться 2–3 часа.

■ Перед подачей полейте десерт вином.

ФРУКТЫ В ШОКОЛАДЕ

на 12 порций
- фрукты (ананас, банан, киви) 1,5—2 кг
- шоколад темный   320 г
- шоколад белый   80 г

■ Фрукты нарежьте ломтиками или дольками. Обсушите.

■ На водяной бане растопите темный шоколад и обмакните в него нарезанные фрукты, погружая их на две трети. Разложите на решетке или пергаменте, поставьте в холодильник на 10 минут.

■ Растопите белый шоколад и нанесите на фрукты в виде рисунка, снова охладите.

Фрукты в шоколаде — звезды на любой эстраде

■ Время приготовления 40 минут

ВИШНЯ В ШОКОЛАДЕ

на 6 порций
- вишни с черешками 24 шт.
- ром 1½ стакана
- шоколад темный 400 г
- фисташки рубленые 100 г

■ Вишню промойте, обсушите, положите в банку и залейте ромом. Закройте крышкой и маринуйте в холодильнике 15 дней.

■ Слейте ром, обсушите вишню на бумажном полотенце.

■ Растопите шоколад на водяной бане, окуните в него вишню, погружая наполовину. Выложите на решетку или пергамент. Как только шоколад впитается, окуните вновь в растопленный шоколад, посыпьте фисташками и охладите.

• Время приготовления 20 минут плюс маринование

КИСЕЛЬ ИЗ АБРИКОСОВ

на 6 порций

- абрикосы 200 г
- сливки густые 300 г
- шоколад 200 г
- крахмал 1½ ст. ложки
- сахар ½ стакана
- сахарная пудра 6 ч. ложек
- лимонная кислота на кончике ножа

■ Абрикосы промойте, удалите косточки, залейте 4 стаканами горячей воды и варите 5—7 минут. Протрите абрикосы вместе с отваром, добавьте сахар и лимонную кислоту. Полученную массу проварите до растворения сахара, влейте при помешивании крахмал, разведенный небольшим количеством воды, доведите до кипения и охладите.

■ Сливки взбейте с добавлением сахарной пудры. Шоколад, оставив несколько кусочков для оформления, натрите на терке.

■ В высокие стаканы разложите половину киселя, затем — часть сливок, посыпьте тертым шоколадом. Повторите слои в том же порядке. Оформите десерт кусочками шоколада.

• Время приготовления 40 минут

КИСЕЛЬ ШОКОЛАДНЫЙ

на 2 порции
- какао-порошок 4 ч. ложки
- молоко 2 стакана
- сахар 6 ч. ложек
- крахмал картофельный 1 ст. ложка

■ 2 столовые ложки холодного молока разотрите с какао-порошком и сахаром до получения однородной массы.

■ Оставшееся молоко вскипятите, добавьте шоколадную массу, доведите до кипения. Влейте разведенный в небольшом количестве воды крахмал и прогрейте до загустения.

Вижу цель: шоколадный кисель!

• Время приготовления 20 минут

на 3 порции

- йогурт вишневый   200 г
- йогурт банановый   200 г
- сахар   80 г
- желатин   20 г
- вода   100 г
- сироп фруктовый   3 ст. ложки

■ Желатин залейте холодной кипяченой водой. Набухший желатин распустите на водяной бане, всыпьте сахар и разделите массу на две части. Одну часть влейте в вишневый йогурт, другую — в банановый йогурт.

■ Йогурты взбейте и поочередно заливайте в форму. Очередную порцию йогурта заливают после того, как предыдущая застынет. Выдержите десерт в холодильнике 1 час.

■ Перед подачей полейте фруктовым сиропом, оформите ягодами вишни.

ДЕСЕРТ ИЗ ЙОГУРТА

• Время приготовления 1 час 40 минут

на 4 порции

для молочного желе:
- молоко 2 стакана
- сахар 3 ст. ложки
- желатин 1½ ст. ложки
- ванилин на кончике ножа

для кофейного желе:
- кофе свежесмолотый 1 ст. ложка
- вода 1 стакан
- сахар 3 ст. ложки
- желатин 1 ст. ложка

За одним из подобных десертов Гоголь в «Cafe Greco» в Риме размышлял о русской душе. Его черновик остался в рамочке на стене

ЖЕЛЕ КОФЕЙНО-МОЛОЧНОЕ

■ Желатин замочите до набухания в холодной воде по отдельности для каждого вида желе. Откиньте на сито и дайте стечь воде.

■ Для молочного желе соедините молоко и сахар, помешивая, доведите до кипения, добавьте ванилин. Смесь слегка охладите, соедините с набухшим желатином и прогревайте до его растворения, но не кипятите. Охладите.

■ Для кофейного желе сварите сладкий кофе, процедите и соедините с желатином. Прогревайте до растворения желатина, затем охладите.

■ В формочки налейте слой молочного желе (толщину слоя выбирайте произвольно), охладите его до застуднивания. На застывшее молочное желе налейте слой кофейного и вновь охладите. Операцию повторите.

- Время приготовления 2 часа

на 4 порции

- мандарины 170 г
- сливы консервированные 40 г
- сироп от сливового компота 30 г
- вода для замачивания желатина 200 г
- сахар 30 г
- желатин 8 г
- кислота лимонная на кончике ножа

ЖЕЛЕ СО СЛИВАМИ И МАНДАРИНАМИ

■ Желатин замочите в кипяченой холодной воде до прозрачности крупинок.

■ Мандарины вымойте, срежьте цедру и, очистив от кожицы, нарежьте тонкими кружочками или разделите на дольки.

■ Сливы разрежьте пополам и удалите косточки.

■ Цедру залейте горячей водой, проварите 5 минут, процедите, добавьте сироп от компота, сахар, лимонную кислоту и доведите смесь до кипения. Охладите до 40 °C, соедините с набухшим желатином и вновь доведите до кипения. Охладите.

■ На дно форм налейте желе слоем 2–3 мм, охладите. Затем уложите сливы и мандарины, залейте небольшим количеством желе и вновь охладите. Сверху вылейте оставшееся желе и охлаждайте до застуднения.

■ Перед подачей желе освободите от форм, погрузив их на несколько секунд в горячую воду, и выложите в вазочки.

• Время приготовления 40 минут плюс охлаждение

на 6 порций

- виноград 60 г
- яблоки 90 г
- арбуз 60 г
- дыня 90 г
- облепиха 60 г
- сахар 90 г
- желатин 18 г
- вода 600 г
- кислота лимонная на кончике ножа

■ Виноград и облепиху протрите через сито, отожмите сок, процедите его и поставьте на холод.

■ Мякоть арбуза, дыни и яблок нарежьте тонкими ломтиками, соедините с виноградной мезгой, залейте горячей водой и варите с сахаром 10—12 минут.

■ Сироп процедите, соедините с предварительно замоченным в воде желатином и, помешивая, доведите до кипения. Затем соедините с виноградно-облепиховым соком и заправьте лимонной кислотой. Процедите, охладите, разлейте в формочки и поставьте на холод.

Подбор ингредиентов как нельзя лучше раскрывает очарование осенних фруктов

ЖЕЛЕ «ЗОЛОТАЯ ОСЕНЬ»

● Время приготовления 30 минут плюс охлаждение

на 6 порций

- морковь 2 шт.
- абрикосы консервированные 250 г
- желатин 15 г
- сок ананасовый 1½ стакана
- сок лимонный 3 ст. ложки
- сахар 2 ст. ложки
- соль 4 ч. ложки
- лимон ½ шт.

■ Желатин замочите в 4 столовых ложках холодной кипяченой воды. Оставьте на 30 минут. Затем распустите его на водяной бане. Добавьте ананасовый и лимонный соки, соль и сахар. Слегка охладите.

■ Абрикосы нарежьте кубиками. Морковь натрите на терке. Перемешайте с желатиновой смесью. Разложите смесь по формам и поставьте в холодильник на 1 час.

■ Перед подачей опустите форму в горячую воду на 1—2 секунды и выложите на тарелку. Оформите ломтиком лимона.

Мне нравится цвет желе: оранжево-красный. Он повышает настроение

МОРКОВНО-АБРИКОСОВОЕ ЖЕЛЕ

● Время приготовления 40 минут плюс охлаждение

ДЫНЯ В ВИННОМ ЖЕЛЕ

И свежая дыня — один из лучших видов десерта. А уж в винном желе и подавно...

на 4 порции
- дыня   400 г
- вино белое сладкое   200 г
- желатин   12 г
- сахар   1 ст. ложка
- сок лимонный   ¼ ч. ложки

■ Замочите желатин в 100 г холодной кипяченой воды на 10 минут.

■ Дыни, предпочтительнее разных сортов и цвета, разрежьте пополам и удалите семена. С помощью выемки вырежьте из дыни шарики или нарежьте мякоть кубиками.

■ Доведите воду с сахаром до кипения. Охладите.

■ Желатин, отцедив воду, соедините с сахарным сиропом, доведите смесь до кипения. Добавьте вино и лимонный сок, слегка охладите.

■ Дынные шарики уложите слоями в креманки, залейте приготовленным желе и охладите до застуднeвания.

• Время приготовления 20 минут плюс охлаждение •

БЛАНМАНЖЕ

на 8 порций
- молоко 5 стаканов
- сливки густые 2 стакана
- фисташки и фундук рубленые 1 стакан
- мука рисовая 2 ст. ложки
- сахар
- орех мускатный тертый
- цедра лимона тертая

■ В муку введите 2½ стакана холодного молока.

■ Остальное молоко и сливки прогрейте, всыпьте орехи и постепенно влейте, непрерывно помешивая, молоко с мукой. Добавьте сахар, пряности и варите до загустения.

■ Разлейте в креманки и охладите.

■ При подаче оформите взбитыми сливками, цукатами, карамелью и листиками мяты.

● Время приготовления 20 минут

МУСС МАЛИНОВЫЙ

на 6 порций
- малина свежая или замороженная   4 стакана
- желатин   1 ст. ложка
- вода   ½ стакана
- сахар   1 стакан
- белки яичные   2 шт.
- сливки густые   1 стакан

Желатин можно распустить и на водяной бане

■ Желатин залейте холодной кипяченой водой. Когда крупинки станут прозрачными, откиньте желатин на сито и дайте стечь воде, затем соедините с теплой жидкостью, доведите до кипения, но не кипятите.

■ Из малины отожмите сок. Мезгу залейте горячей водой, добавьте сахар, варите на слабом огне 10 минут. Процедите. Влейте распущенный желатин и перемешайте.

■ Охладите. Добавьте сок, яичные белки и взбейте в пену.

■ Сливки взбейте, разлейте по формам, соедините с малиновым муссом, охладите.

■ При подаче оформите листиками из мастики, джемом, ягодами малины, листиками мяты.

- Время приготовления 30 минут

на 2 порции

- апельсины 190 г
- сахар 70 г
- желатин 12 г
- вода 300 г

МУСС АПЕЛЬСИНОВЫЙ

■ Желатин замочите в холодной кипяченой воде до набухания.

■ Апельсины промойте, затем, сняв острым ножом цедру, разрежьте пополам и отожмите сок.

■ Цедру нарежьте, залейте горячей водой и варите 5 минут. Отвар процедите, охладите до 40 °C, добавьте сахар, набухший желатин и, помешивая, доведите до кипения. Влейте отжатый из апельсинов сок, перемешайте и охладите до начала застудневания.

■ Охлажденную массу взбейте миксером в устойчивую пену. Если мусс плохо взбивается, его нужно дополнительно охладить.

■ Разложите мусс в формы и охладите до полного застудневания.

■ Перед подачей опустите формы на несколько секунд в горячую воду и выложите мусс в вазочки или на десертные тарелки. Можно полить плодовым сиропом.

• Время приготовления 35 минут плюс охлаждение

САМБУК ФРУКТОВЫЙ

на 6 порций

- яблоки, абрикосы или сливы 600 г
- сахар 150 г
- белки яичные 6 шт.
- желатин 12 г

для соуса:
- ягоды 60 г
- сахар 60 г
- вино белое сухое 30 г
- вода 120 г

■ Желатин замочите в холодной кипяченой воде до набухания, затем распустите на водяной бане. Охладите.

■ Фрукты промойте, нарежьте и припустите в небольшом количестве воды. Протрите через сито, соедините с сахаром, белками и взбивайте на холоде до увеличения объема в 2—3 раза. Влейте желатин и взбивайте еще несколько секунд. Полученную массу разложите в формы и охладите.

■ Для соуса ягоды протрите через сито. Полученное пюре разведите водой и, добавив сахар, доведите до кипения. Охладите, влейте вино.

■ При подаче выложите самбук из формы, опустив ее на несколько секунд в горячую воду, и полейте ягодным соусом.

Под странным словом скрывается нежнейшее желированное блюдо...

• Время приготовления 40 минут плюс охлаждение •

АПЕЛЬСИНОВЫЙ ТВОРОГ

на 8 порций
- апельсины 4 шт.
- творог 800 г
- сливки густые 400 г
- молоко сгущенное 4 ст. ложки
- сахарная пудра 4 ст. ложки
- коньяк 2 ст. ложки

■ С двух апельсинов мелкой теркой сотрите цедру, затем очистите их от белых волокон, разделите на дольки, сбрызните коньяком и посыпьте сахарной пудрой. Остальные апельсины, не очищая от кожицы, нарежьте кружочками.

■ Творог протрите через сито, смешайте со сгущенным молоком, добавьте взбитые сливки и взбейте до получения кремообразной массы.

■ При подаче на кружочки апельсинов отсадите из кондитерского шприца творожный крем, оформите апельсиновыми дольками и посыпьте цедрой.

Чтобы творог стал более нежным, его можно взбить миксером

● Время приготовления 20 минут

ПАРФЕ ЯГОДНОЕ

Парфе нежнее мороженого и не так быстро тает

на 4 порции

- ягоды (малина, черника, крыжовник)   200 г
- желтки яичные   4 шт.
- сахар   2 ст. ложки
- ликер лимонный   6 ст. ложек
- коньяк   2 ст. ложки
- сливки густые   1 стакан

■ Ягоды промойте, обсушите, залейте смесью ликера и коньяка и выдержите не менее 30 минут.

■ Желтки разотрите с сахаром, влейте 3 столовые ложки воды и взбейте на водяной бане до получения густой пены. Затем посуду с желтковой массой сразу поместите в холодную воду со льдом и взбивайте смесь до охлаждения.

■ Сливки взбейте и соедините с желтками. Добавьте ягоды, осторожно перемешайте, разложите в металлические формы и заморозьте.

■ Перед подачей парфе выдержите около часа в холодильнике и разрежьте на порции.

• Время приготовления 30 минут плюс охлаждение

КОРЗИНОЧКИ С МОРОЖЕНЫМ

на 4–6 порций
- мороженое   300 г
- ягоды свежие

для корзиночек:
- белки яичные   3 шт.
- сахарная пудра   200 г

■ Разогрейте духовку до 150 °C. Взбейте белки с сахарной пудрой в пену. Пудру добавляйте постепенно, последнюю порцию пудры введите уже в готовую массу и осторожно перемешайте.

■ С помощью кондитерского мешка отсадите взбитую массу в виде корзиночек на противень, покрытый пергаментом.

■ Выпекайте 25 минут. Уменьшите температуру и выпекайте еще 40 минут. Выключите духовку и оставьте в ней корзиночки на ночь.

■ Выложите мороженое в корзиночки, оформите свежими ягодами. Подавайте сразу же.

● Время приготовления 1 час 50 минут

ДЕСЕРТ «РОМАНТИКА»

И какой десерт без романтики!

на 2 порции
- мороженое   300 г
- яблоко красное   1 шт.
- киви   1 шт.
- апельсин   1 шт.
- шоколад темный   50 г
- сливки взбитые   40 г

■ Очистите яблоко, киви и апельсин, нарежьте ломтиками.

■ Растопите шоколад на водяной бане.

■ В вазочку положите часть мороженого, полейте частью шоколада, затем разложите ломтики яблока, снова часть мороженого, часть шоколада, киви. Вновь положите мороженое, полейте частью шоколада, затем разложите ломтики апельсина. Сверху выпустите взбитые сливки и оформите их шоколадом.

- Время приготовления 30 минут

МОРОЖЕНОЕ «НАТАЛИ»

на 8 порций
- мороженое сливочное   850 г
- шоколад   150 г

■ Мороженое нарежьте кубиками, выложите в фужеры.

■ Распустите шоколад на водяной бане, выложите его в кондитерский мешок и оформите мороженое.

● Время приготовления 20 минут

Жозефина его обожала

МОРОЖЕНОЕ «НАПОЛЕОН»

на 8 порций
- пломбир 800 г

для соуса:
- сахар 2 ст. ложки
- молоко ½ стакана
- коньяк 2 ст. ложки
- желтки яичные 2 шт.
- орех мускатный тертый

■ Желтки разотрите с сахаром, добавьте мускатный орех, разведите горячим молоком. Варите до загустения, непрерывно помешивая, охладите и влейте коньяк.

■ Мороженое выложите в креманки, полейте охлажденным коньячным соусом, оформите шоколадом, карамелью и листиками мяты.

- Время приготовления 35 минут

ВАШРЭН

на 6 порций
- мороженое ванильное   500 г
- меренги   12 шт.
- сливки взбитые   1 стакан
- сироп из красных ягод   ½ стакана

■ На меренгу выложите мороженое, накройте другой меренгой и охладите.

■ С помощью кондитерского мешка оформите вашрэн сливками и поставьте в морозильник.

■ Перед подачей переложите на блюдо, полейте сиропом, оформите ягодами, шоколадом и листиками мяты.

• Время приготовления 1 час 30 минут •

ШАРЛОТКА «КАПРИЗ»

на 6 порций

- печенье «палочки» 20 шт.
- желтки яичные 4 шт.
- сахар ½ стакана
- сливки взбитые 1 стакан
- ром 3 ст. ложки
- бренди 3 ст. ложки

■ Добавьте в сахар немного воды, прогрейте до растворения сахара и варите 10 минут. Взбивая, влейте кипящий сахарный сироп в желтки, добавьте ром и перемешайте.

■ Сливки соедините с яично-сахарной смесью.

■ Форму поместите на несколько минут в морозильник, затем выложите печеньем, сбрызнутым бренди. Наполните форму смесью. Выдержите в морозильнике 2 часа.

■ При подаче выложите шарлотку из формы, оформите шоколадом, цукатами и лимонным желе.

Это не каприз, а мистерия вкуса!

• Время приготовления 1 час 40 минут

В греческом зале, в греческом зале... Мороженым и не пахло...

МОРОЖЕНОЕ ПО-ГРЕЧЕСКИ

на 2 порции
- изюм без косточек   50 г
- ром   2 ст. ложки
- сливки густые   1 стакан
- сахарная пудра   ½ стакана
- сахар ванильный

■ Изюм залейте кипятком. Через час слейте воду, добавьте в изюм ром, накройте крышкой и оставьте на 30 минут.

■ Взбейте сахарную пудру со сливками, ванильным сахаром и разотрите, добавьте изюм с ромом. Заморозьте.

■ При подаче оформите листиками мяты, ядрами миндаля.

■ Время приготовления 1 час 45 минут

МОРОЖЕНОЕ С АБРИКОСОВЫМ СОУСОМ

на 4 порции
- мороженое   400 г
- шоколад тертый   2 ст. ложки
- орехи грецкие тертые   4 ч. ложки

для соуса:
- абрикосы   3 шт.
- сахар   100 г

■ Для соуса абрикосы, удалив косточки, сварите в небольшом количестве воды, затем протрите через сито, добавьте сахар и уварите на слабом огне при постоянном помешивании. Готовый соус охладите.

■ Перед подачей мороженое разложите в креманки, полейте абрикосовым соусом, посыпьте орехами и шоколадом.

• Время приготовления 30 минут

РИС ИЗЫСКАННЫЙ

на 12 порций
- рис варёный   3–4 стакана
- сахар   2 ст. ложки
- масло оливковое   1–2 ст. ложки
- изюм, курага, чернослив   2–3 стакана
- финики   100 г
- орехи грецкие   100 г

■ Рис смешайте с сахаром и оливковым маслом и выложите в форму для пудинга слоем толщиной 2 см. Сверху уложите часть распаренных сухофруктов и слегка придавите.

■ Выложите слоями оставшиеся рис и сухофрукты так, чтобы последним был слой риса.

■ Готовьте рис на паровой бане полчаса.

■ Подавайте, оформив орехами и финиками.

- Время приготовления 40 минут

Изюминка вегетарианской кухни – настоящий торт

ГРУШИ «РИШЕЛЬЕ»

Ах, эти сладкие груши с романтическим названием!

на 2 порции

- груши   2 шт.
- рис вареный   200 г
- масло сливочное   10 г
- миндаль сладкий рубленый   60 г
- яйца   2 шт.
- пюре из абрикосов   60 г
- сахар   50 г
- мука пшеничная   20 г
- молоко, или сливки, или сироп фруктовый   100 г

■ Рис перемешайте с маслом и миндалем.

■ Груши, очищенные от кожицы и сердцевины, нарежьте ломтиками.

■ Половину риса выложите в глубокую форму, смазанную маслом и посыпанную мукой. Затем уложите слоями груши и пюре из абрикосов. Покройте оставшимся рисом.

■ Желток разотрите с частью сахара и перемешайте со взбитым белком. Рис залейте яичной массой и посыпьте оставшимся сахаром. Запекайте до образования золотистой корочки и подавайте со сливками, молоком или фруктовым сиропом.

- Время приготовления 40 минут

ЧЕРНОСЛИВ «ЖЕМЧУЖИНА»

на 4 порции
- чернослив   30 шт.
- орехи рубленые   1 стакан
- хлопья овсяные   5 ст. ложек
- сливки густые   5 ст. ложек
- сахарная пудра   1 ст. ложка
- сок 1 апельсина

■ Чернослив промойте, залейте горячей водой и распарьте. Сделайте сбоку каждой ягоды надрез и удалите косточки.

■ Взбейте сливки, постепенно добавляя сахарную пудру. Добавьте орехи, овсяные хлопья и апельсиновый сок, осторожно перемешайте.

■ Наполните чернослив ореховой смесью и оформите взбитыми сливками.

«Жемчужина» – загляденье. Ужина украшенье

■ Время приготовления 40 минут

на 4 порции
- яблоки 4 шт.
- орехи грецкие 120 г
- мед 80 г
- изюм 100 г

Чтобы при запекании яблоки не растрескались, проткните их вилкой

ЯБЛОКИ с ОРЕХАМИ

■ У яблок вырежьте сердцевину так, чтобы образовалось углубление для начинки. Вынутую мякоть яблок прогрейте с небольшим количеством воды до мягкости и протрите через сито.

■ В яблочное пюре добавьте рубленые орехи, мед, изюм.

■ Полученной начинкой заполните углубления в яблоках; яблоки положите в сковороду и, подлив немного воды, запеките в духовке.

• Время приготовления 45 минут

ШОКОЛАДНАЯ ШАРЛОТКА

Ах, шарлотка, как бы нам встретиться?..

на 6 порций
- печенье «палочки» 18 шт.

для крема:
- шоколад 150 г
- масло сливочное 200 г
- сахарная пудра 5 ст. ложек
- яйца 5 шт.

■ Яичные белки отделите от желтков. Шоколад растопите на водяной бане, добавьте масло, 3 столовые ложки сахарной пудры и желтки. Все взбейте и остудите.

■ Белки взбейте с оставшейся сахарной пудрой до увеличения в объеме и соедините с шоколадной смесью.

■ На дно формы положите вырезанный из фольги круг, бортик выложите печеньем.

■ Шоколадный крем вылейте в форму и охладите.

■ При подаче выложите шарлотку из формы и оформите шоколадом.

• Время приготовления 40 минут

ШОКОЛАДНЫЕ БАБОЧКИ

на 5 порций
- мука пшеничная ½ стакана
- какао-порошок 2 ст. ложки
- масло сливочное 3 ст. ложки
- сахар 3 ст. ложки
- яйца 2 шт.
- молоко 3 ст. ложки
- сахар ванильный ½ ст. ложки

для крема:
- масло сливочное 4 ст. ложки
- сахарная пудра 5 ст. ложек
- молоко 4 ст. ложки
- сахар ванильный 1 ч. ложка

■ Размягченное масло разотрите с сахаром до однородной консистенции, добавьте взбитые яйца, муку, молоко, какао-порошок, ванильный сахар и взбейте. 5 формочек заполните тестом до половины и выпекайте 20 минут. Остудите.

■ Масло взбейте с половиной сахарной пудры, добавьте молоко, оставшуюся сахарную пудру, ванильный сахар и взбейте до однородной консистенции.

■ Пирожные выложите из формочек, срежьте верхушки и вырежьте из них бабочек.

■ На каждое пирожное отсадите крем, сверху выложите бисквитные заготовки в виде бабочек. Оформите джемом, кремом и цедрой лайма.

- Время приготовления 50 минут

на 6 порций

- ананасы, консервированные в собственном соку   12 кружочков

для начинки:
- вино белое   50 г
- мед   1 ст. ложка
- фундук рубленый   75 г
- печенье бисквитное измельченное   75 г
- изюм без косточек   2 ст. ложки

для соуса:
- сок от консервированных ананасов   200 г
- вино белое   50 г
- мед   1 ст. ложка

■ Для начинки смешайте вино с медом, печеньем, орехами и изюмом.

■ Кружочки ананасов обсушите, уложите на жаропрочное блюдо, выложите на каждый начинку и запекайте при 180 °C около 15 минут до золотистого цвета.

■ Для соуса сок с вином и медом доведите до кипения и варите на слабом огне до загустения.

■ При подаче выложите кружочки ананасов на десертное блюдо и полейте соусом. Соус можно подать отдельно.

Набор ингредиентов настолько интересен, что, даже следуя рецепту, вы все равно экспериментируете!

ЗАПЕЧЕННЫЕ АНАНАСЫ

● Время приготовления 30 минут

на 2 порции

- груши 2 шт.
- гвоздика 5—6 бутонов
- кислота лимонная ¼ ч. ложки
- цедра ½ лимона
- рис 90 г
- молоко 270 г
- масло сливочное или маргарин 30 г
- сахар 60 г
- ванилин на кончике ножа
- изюм 60 г
- яйцо 1 шт.
- абрикосы консервированные 300 г
- соль

ГРУШИ С РИСОМ

■ Рис переберите, промойте в теплой воде, залейте кипятком и варите 5 минут, затем откиньте на сито.

■ Молоко доведите до кипения, добавьте соль, сахар, всыпьте рис и варите до готовности при слабом кипении. В готовую кашу положите масло, изюм, яичный белок, добавьте несколько капель разведенного в горячей воде ванилина, перемешайте.

■ Груши промойте, разрежьте пополам, удалите сердцевину, очистите. Подготовленные груши залейте горячей водой с добавлением лимонной кислоты, цедры, гвоздики и варите до мягкости.

■ Для соуса абрикосы протрите через сито и уварите с добавлением сиропа до загустения.

■ Перед подачей вареный рис уложите горкой на смазанный маслом противень, смажьте яичным желтком и запекайте до образования золотистой корочки.

■ Запеченный рис переложите на тарелку, вокруг него уложите груши. Полейте абрикосовым соусом.

- Время приготовления 45 минут

ПЕРСИКИ С ТОФФИ ИЗ МИНДАЛЯ

Ох уж эти французы! Ни в одном словаре не могу найти словечко «тоффи»

на 4–6 порций

- персики консервированные   800 г

для тоффи:
- хлопья миндальные или миндаль измельченный   35 г
- масло сливочное   50 г
- сахарная пудра   45 г
- мука пшеничная 1 ст. ложка

■ Половинки персиков обсушите и уложите на смазанное сливочным маслом жаропрочное блюдо разрезом вниз.

■ Для тоффи растопите масло, добавьте миндаль, сахарную пудру, муку, перемешайте и прогрейте до загустения.

■ Залейте персики тоффи и запекайте при 220 °C около 15 минут, пока поверхность не приобретет насыщенный цвет. Немного охладите.

■ Подавайте со взбитыми сливками или ванильным мороженым.

Эх вы, теоретики! На практике тоффи – это сладкий соус

• Время приготовления 30 минут

БАНАНЫ С МЕРЕНГАМИ

- Бананы очистите, разрежьте вдоль пополам, смажьте медом и посыпьте орехами.
- Белок взбейте в устойчивую пену, постепенно добавляя сахарную пудру.
- Уложите взбитый белок на бананы и запекайте при 200 °C до образования золотистой корочки.

на 6 порций
- бананы   3 шт.
- белок яичный   1 шт.
- сахарная пудра или сахар мелкий   50 г
- мед   2 ч. ложки
- орехи грецкие рубленые   ½ стакана

- Время приготовления 15 минут

на 4 порции

- мука пшеничная   1½ стакана
- яйца   3 шт.
- масло сливочное   3 ст. ложки
- сахар   1 ст. ложка
- молоко   2½ стакана
- масло растительное   2 ст. ложки
- сироп или джем   4 ст. ложки
- абрикосы консервированные   300 г
- соль

■ Яйца соедините с мукой, маслом и теплым молоком, добавьте соль, сахар, перемешайте. Из приготовленного теста испеките блинчики.

■ На каждый блинчик положите мелко нарезанные абрикосы, скатайте трубочкой и полейте сверху сиропом.

БЛИНЧИКИ С АБРИКОСАМИ

Десерт для двоих. Еще один повод поговорить о любви...

• Время приготовления 35 минут •

> Где ты, Шарлотта? Я угощу тебя сладкими блинчиками

на 4 порции
- блинчики готовые 12 шт.
- персики 5 шт.
- сахар ½ стакана
- сироп фруктовый ½ стакана
- сухари панировочные 2 ст. ложки
- крахмал картофельный 2 ст. ложки

ШАРЛОТКА ИЗ БЛИНЧИКОВ

■ Персики промойте, обдайте кипятком, и, сняв кожицу, измельчите. Соедините с разведенным водой крахмалом, доведите пюре до кипения и охладите.

■ Дно формы смажьте маслом, посыпьте сухарями и положите блинчик, на него выложите часть пюре из персиков, посыпьте сахаром, накройте следующим блинчиком и так далее. Последний блинчик посыпьте сахаром. Запекайте в духовке 15 минут.

■ Шарлотку выложите на блюдо, полейте сиропом и подавайте, оформив ломтиками персиков.

• Время приготовления 50 минут

БЛИНЧИКИ С ФРУКТАМИ И МОРОЖЕНЫМ

на 4 порции

- мука пшеничная ½ стакана
- яйца 2 шт.
- молоко ½ стакана
- крахмал картофельный 2 ст. ложки
- апельсины 2 шт.
- киви 2 шт.
- сок лимонный 1 ст. ложка
- сахар 1 ст. ложка
- масло растительное 4 ст. ложки
- мороженое 4 шарика
- орехи грецкие рубленые 2 ст. ложки
- соль

■ Апельсины, очистив от кожуры, разделите на дольки. Киви нарежьте ломтиками. Смешайте фрукты с лимонным соком и сахаром.

■ Соедините муку с крахмалом, яйцами, солью, молоком и ½ стакана воды. Дайте тесту немного постоять.

■ На разогретой и смазанной маслом сковороде испеките блинчики. Горячими сложите каждый вчетверо.

■ Блинчики разложите по тарелкам, положите фрукты, шарики мороженого и посыпьте орехами.

- Время приготовления 35 минут

Никогда не пробовал блинчиков с фруктами и мороженым

на 6 порций

- мука пшеничная   150 г
- молоко   600 г
- яйцо   3 шт.
- масло сливочное   2 ч. ложки
- соль   1 щепотка
- клубника или черешня   200 г
- сахарная пудра
- масло растительное или сливочное
- мороженое   500 г

БЛИНЧИКИ, ТАЮЩИЕ ВО РТУ

■ Приготовьте пюре из клубники, используя кухонный комбайн или сито. Добавьте сахарную пудру.

■ Для приготовления блинчиков разотрите яйца с солью, разведите молоком, добавьте муку и растопленное масло. Выпекайте на раскаленной с маслом сковороде до образования золотистой корочки. Охладите.

■ Перед подачей положите по ложке мороженого на каждый блинчик и сверните конверты. Посыпьте сахарной пудрой и оформите клубникой или черешней. Клубничный соус подайте отдельно.

- Время приготовления 30 минут

БОЛГАРСКИЙ ПИРОГ

на 4–6 порций

- мука пшеничная   1 стакан
- яблоки   6 шт.
- сахар   1½ стакана
- крупа манная   1 стакан
- сода пищевая   1 ч. ложка
- корица молотая   1 ч. ложка
- масло сливочное   1 ст. ложка
- молоко   1 стакан
- сахарная пудра   1 ст. ложка
- кислота лимонная   ⅛ ч. ложки

■ Стакан сахара смешайте с мукой и манной крупой, добавьте соду и лимонную кислоту.

■ Очищенные яблоки натрите на терке, добавьте оставшийся сахар и корицу.

■ На смазанный маслом противень насыпьте ⅓ мучной смеси, затем уложите ⅓ яблок. Выложите, чередуя, оставшуюся смесь и яблоки так, чтобы сверху был слой яблок. Залейте кипящим молоком и запекайте около часа при 180 °C.

■ Горячий пирог посыпьте сахарной пудрой и нарежьте ромбиками.

● Время приготовления 1 час 15 минут

ЯБЛОЧНЫЙ ПИРОГ

на 4 порции
- мука пшеничная 2½ стакана
- яблоки 4—5 шт.
- яйца 4 шт.
- сахар ½ стакана
- сода пищевая 1 ч. ложка
- ванильная пудра 1 ч. ложка
- сахарная пудра 1 ст. ложка

■ Яйца взбейте с сахаром, добавьте ванильную пудру, соду, тертые яблоки, постепенно всыпьте муку и замесите тесто.

■ Выложите тесто в смазанную маслом форму и выпекайте 25—30 минут при 180 °C. Остудите.

■ Перед подачей пирог нарежьте прямоугольниками и посыпьте сахарной пудрой.

Вкусная простота

• Время приготовления 50 минут

на 8–10 порций

для теста:
- мука пшеничная   150 г
- сахар   150 г
- масло сливочное   140 г
- яйца   4 шт.
- шоколад тертый   50 г

для начинки:
- вишня   750 г
- сахар   3 ст. ложки
- орехи
- сахарная пудра

ПИРОГ
С ВИШНЕЙ

Пирог с вишней — праздничный стол вышел!

☐ Масло взбейте с сахаром. Введите желтки, шоколад, муку и белки, взбитые в пену.

☐ На смазанный маслом и посыпанный мукой противень выложите смесь слоем толщиной 2 см, сверху положите очищенную от косточек вишню, посыпьте сахаром и рублеными орехами.

☐ Выпекайте пирог в духовке при средней температуре.

☐ Охладите и посыпьте сахарной пудрой.

• Время приготовления 50 минут

на 4–6 порций

- мука пшеничная 2½ стакана
- кардамон молотый ½ ч. ложки
- корица молотая 1 ч. ложка
- имбирь молотый 1 ч. ложка
- масло растительное или сливочное растопленное 3 ст. ложки
- сметана 1½ стакана
- сода 1 ч. ложка
- маргарин 10 г
- сахар 150 г
- яйца 2 шт.
- сухари панировочные
- сахарная пудра

Ах, пироги с корицей и кардамоном!..

■ Яйца взбейте с сахаром. Муку смешайте с пряностями и содой. Соедините взбитые яйца с маслом, сметаной и мучной смесью.

■ Вылейте тесто в смазанную маргарином и посыпанную сухарями форму и выпекайте 30—40 минут при 220 °C.

■ Остывший пирог посыпьте сахарной пудрой.

ПРЯНЫЙ ПИРОГ

- Время приготовления 1 час плюс охлаждение

ОРЕХОВЫЙ ПИРОГ

Для нас, греков, пирог без орехов — не пирог

на 6–8 порций

- мука пшеничная   4 стакана
- масло сливочное   2 ст. ложки
- сахар   2 стакана
- молоко   ½ стакана
- яйца   2 шт.
- орехи грецкие рубленые   1 стакан
- коньяк   2 ст. ложки
- сухари панировочные   1 ст. ложка
- дрожжи   ½ ст. ложки
- корица, гвоздика молотые

■ Масло растопите, добавьте яйца, сахар, молоко, орехи, корицу, гвоздику, коньяк, муку, смешанную с дрожжами.

■ На смазанный маслом противень вылейте тесто, дайте подняться. Выпекайте около часа при 220 °C.

■ Пирог нарежьте, разложите на порционные тарелки, оформите цедрой лимона. Можно полить фруктовым сиропом.

- Время приготовления 1 час 30 минут

ПИРОГ ПО-ГРЕЧЕСКИ

на 6–8 порций

- мука пшеничная   3 стакана
- дрожжи   1 ст. ложка
- масло сливочное   1 стакан
- сахар   4 стакана
- сахар ванильный   ½ ст. ложки
- цедра апельсина тертая   1 ст. ложка
- яйца   4 шт.
- йогурт   ⅔ стакана
- коньяк   2 ст. ложки
- миндаль рубленый   2 ст. ложки

■ Муку перемешайте с дрожжами. Взбейте масло с сахаром, добавляя ванильный сахар, цедру, яйца, йогурт, коньяк. Смешайте с мукой.

■ Противень смажьте маслом и выложите смесь, посыпьте миндалем, дайте тесту подняться. Запекайте 50 минут в умеренно нагретой духовке.

■ При подаче пирог можно полить ягодным сиропом и оформить орехами.

- Время приготовления 1 час 50 минут

ПЕЧЕНЬЕ ЛИМОННОЕ

на 10 порций

для теста:
- мука пшеничная   1½ стакана
- масло сливочное или маргарин   180 г
- сахар   ½ стакана
- сахар ванильный   1 пакетик
- яйцо   1 шт.
- цедра тертая 1 лимона
- разрыхлитель   1 ч. ложка
- масло растительное   1 ч. ложка

для глазури:
- сахарная пудра   1 стакан
- ликер лимонный   4 ст. ложки
- цукаты

■ Сливочное масло взбивайте до мягкой пышной консистенции, постепенно добавляя сахар и ванильный сахар. Затем добавьте яйцо и лимонную цедру, хорошо перемешайте и введите небольшими порциями муку, смешанную с разрыхлителем. Замесите тесто, выдержите 30 минут в холодильнике.

■ Готовое тесто раскатайте в пласт толщиной 0,5 см, вырежьте круглое печенье, уложите его на смазанный растительным маслом противень и выпекайте 10–15 минут при 180 °C.

■ Сахарную пудру разотрите с ликером в густую пластичную массу.

■ Остывшее печенье смажьте глазурью, оформите цукатами.

• Время приготовления 1 час

ПЕЧЕНЬЕ РАССЫПЧАТОЕ К КОФЕ

на 10 порций

для теста:
- мука пшеничная   400 г
- масло сливочное   300 г
- разрыхлитель   1 ч. ложка
- сахар ванильный   1 ч. ложка
- сахарная пудра   ½ стакана
- яйца   2 шт.
- цедра тертая 1 лимона
- соль

для глазури:
- шоколад   100 г
- масло сливочное   1 ст. ложка

■ Масло взбейте, постепенно добавляя сахарную пудру, ванильный сахар, яйца, соль, цедру. В конце взбивания всыпьте муку, смешанную с разрыхлителем, и быстро замесите тесто.

■ Тесто отсадите в виде палочек из кондитерского мешка со звездчатой насадкой на смазанный маргарином противень. Выпекайте 15 минут при 200 °C.

■ Шоколад растопите на водяной бане, добавьте масло и разотрите.

■ Каждое печенье окуните одним концом в глазурь и выложите на блюдо.

• Время приготовления 30 минут

ПЕЧЕНЬЕ С ОРЕХАМИ

Если мед в банке засахарился, поставьте банку в кастрюлю с горячей водой

на 6 порций
- мед ½ стакана
- мука пшеничная 1 стакан
- мука ржаная ½ стакана
- сахар ½ стакана
- масло растительное 2 ст. ложки
- орехи грецкие или арахис 1 стакан
- сода пищевая 1 ч. ложка
- имбирь, корица, анис молотые

■ Мед растопите, добавьте сахар, масло, муку, перемешанную с пряностями, соду и замесите тесто.

■ Выдержите тесто один день в холодильнике, затем введите в него толченые орехи.

■ Готовое тесто раскатайте в пласт толщиной 0,7 см, фигурно нарежьте, переложите на противень и выпекайте печенье 10 минут при 230 °C.

• Время приготовления 30 минут

ПЕЧЕНЬЕ «НЕЖНОСТЬ»

на 10 порций
- мука пшеничная   2 стакана
- сахар   ½ стакана
- сахар ванильный   1 пакетик
- вино белое сухое   2 ст. ложки
- масло сливочное   200 г
- белки яичные   2 шт.
- сахар   2 ст. ложки
- корица молотая   1 ст. ложка
- миндаль рубленый   5 ст. ложек

■ Муку просейте на доску горкой, сделайте в ней углубление, положите сахар и нарезанное мелкими кубиками охлаждённое масло, перемешайте и влейте вино. Замесите тесто, скатайте его в шар и выдержите 30 минут в холодильнике.

■ Готовое тесто раскатайте в пласт толщиной 0,5 см и круглой выемкой вырежьте печенье.

■ Разложите кружочки теста на смазанном маслом противне, сделайте в них проколы вилкой.

■ Яичные белки взбейте и смажьте ими кружочки, посыпьте смесью корицы, сахара и миндаля. Выпекайте 10–15 минут при 200 °C.

- Время приготовления 1 час 10 минут

ПЕЧЕНЬЕ КОКОСОВОЕ

на 6 порций

для теста:
- мука пшеничная 1 стакан
- разрыхлитель ½ ч. ложки
- сахар 2 ст. ложки
- сахар ванильный 1 ч. ложка
- яйцо 1 шт.
- масло сливочное 70 г

для начинки:
- стружка кокосовая 200 г
- масло сливочное 100 г
- конфитюр абрикосовый 2 ст. ложки
- сахар ½ стакана

■ Муку, разрыхлитель, сахар и ванильный сахар смешайте, сверху положите кусочки холодного масла и порубите ножом до получения массы, напоминающей хлебные крошки. Добавьте яйцо, замесите тесто, скатайте его в шар, накройте пленкой и выдержите в холодильнике 30 минут.

■ Готовое тесто раскатайте в прямоугольный пласт толщиной 0,7 см и уложите на противень, смазанный маргарином.

■ Масло взбейте с сахаром, добавьте конфитюр и кокосовую стружку, перемешайте.

■ Выложите начинку ровным слоем на пласт теста, выпекайте 20–30 минут при 200 °C.

■ Выпеченную заготовку немного охладите, нарежьте прямоугольными кусочками.

■ Печенье можно оформить растопленным шоколадом.

● Время приготовления 1 час 20 минут

ПЕЧЕНЬЕ МЕДОВОЕ

Угощенье новое – печенье медовое!

на 10–12 порций
- мука пшеничная   600 г
- яйца   4 шт.
- сахар   250 г
- мед   4 ст. ложки
- сода   1 ч. ложка
- уксус 3%-й   1 ч. ложка
- ядра грецких орехов   300 г

■ Сахар разотрите с яйцами, добавьте мед, соду, гашенную уксусом, и постепенно всыпьте муку. Замесите тесто.

■ Тесто раскатайте, посыпьте рублеными орехами. Нарежьте в виде фигурок, выпекайте 15—20 минут при 220 °C.

Время приготовления 40 минут

ХВОРОСТ С ТВОРОГОМ

■ Замесите однородное тесто из муки, сахара, творога, кунжута и 2 столовых ложек растительного масла. Оставьте на 30 минут.

■ Раскатайте тесто в тонкий пласт и нарежьте прямоугольниками 3×6 см.

■ Обжарьте хворост в разогретом до 160–170 °С масле до золотистого цвета.

на 6–8 порций
- творог протертый   200 г
- мука пшеничная   2 стакана
- сахар   ½ стакана
- семена кунжута   3 ст. ложки
- масло растительное для фритюра

Это блюдо — для любителей славянской кухни

• Время приготовления 50 минут

Вместо кунжута можно использовать другие семечки. Еще больше хруста!

на 6 порций
- мука пшеничная   2 стакана
- сахар   ¾ стакана
- семена кунжута   1 стакан
- масло растительное для фритюра

ХРУСТЯЩЕЕ ПЕЧЕНЬЕ С КУНЖУТОМ

- Кунжут обжарьте при постоянном помешивании до золотистого цвета. Смешайте с сахаром.

- Замесите тесто из муки и ¾ стакана горячей воды. Разрежьте его на 12 одинаковых кусочков и раскатайте из них квадраты толщиной 0,8 см.

- Подготовленные квадратики обжаривайте в разогретом до 140 °C масле. Как только на поверхности печенья появятся пузырьки, выложите его на сито и дайте маслу стечь. Горячее печенье положите на разделочную доску и посыпьте кунжутом с сахаром.

- Время приготовления 35 минут

ШОКОЛАДНЫЕ ШАРИКИ

на 8 порций
- шоколад 400 г
- ликер вишневый 3 ст. ложки
- какао-порошок 2 ст. ложки
- масло сливочное 1 ст. ложка
- печенье измельченное 2 стакана
- сахарная пудра 1 стакан
- ядра грецких орехов 1 стакан

■ Половину шоколада натрите, другую половину растопите на водяной бане, добавьте ликер.

■ Печенье соедините с маслом, молотыми орехами, влейте растопленный шоколад и размешайте.

■ Сахарную пудру насыпьте на доску и вымесите на ней приготовленную массу до впитывания всей пудры. Сформуйте пирожные в виде шариков величиной с грецкий орех.

■ Тертый шоколад смешайте с какао, в полученной смеси обваляйте шарики. Охладите

Эти шарики далеко не укатятся

Время приготовления 1 час 20 минут

ШОКОЛАДНО-БАНАНОВЫЙ ДЕСЕРТ

на 24 штуки
- масло сливочное   125 г
- сахар   1 стакан
- яйцо   1 шт.
- ванилин   2–3 капли
- бананы мелко нарезанные   1 стакан
- рис воздушный   2 стакана
- шоколад темный   300 г
- стружка кокосовая   60 г

■ Взбейте масло с сахаром до кремообразного состояния, затем добавьте яйцо, бананы и ванилин. Прогрейте на слабом огне, при постоянном помешивании, в течение 5–7 минут, пока не растопится сахар.

■ Снимите с огня и добавьте рис, перемешайте и охладите. Сформуйте из массы шарики и поставьте в холодильник.

■ Растопите на водяной бане шоколад, добавьте кокосовую стружку.

■ Наколите шарики на вилку и обмакните в шоколад. Разложите на решетке и дайте стечь излишкам шоколада. Охладите.

- Время приготовления 1 час 30 минут

ПРОФИТРОЛИ С ШОКОЛАДНЫМ КРЕМОМ

Профитроли – французское изобретение

на 18 штук

для заварного теста:
- мука пшеничная   1 стакан
- масло сливочное   80 г
- яйца   3 шт.
- вода   1 стакан
- соль   1 щепотка

для шоколадного крема:
- шоколад   200 г
- молоко   ½ стакана
- сливки густые   ½ стакана

■ Для теста в подсоленной воде растопите масло, доведите до кипения и всыпьте муку, прогревайте, помешивая, 1–2 минуты. Слегка охладите и введите по одному яйца.

■ На смазанный маслом противень отсадите из кондитерского мешочка 36 шариков из заварного теста. Выпекайте 30 минут при 180 °C.

■ Для крема шоколад растопите на водяной бане, влейте, помешивая, сливки, молоко и прогрейте.

■ Срежьте с каждого профитроля «крышечку». Наполните профитроли шоколадным кремом, накройте «крышечками». Оформите сахарной пудрой, взбитыми сливками и мармеладом.

■ Время приготовления 50 минут

ПИРОЖНОЕ В ШОКОЛАДЕ

на 6 штук
- мука пшеничная ½ стакана
- сахарная пудра ½ стакана
- масло сливочное 200 г
- желтки яичные 3 шт.
- миндаль молотый 1 стакан
- цедра лимона тертая 2 ст. ложки

для крема:
- сливки густые 1 стакан
- шоколад темный 200 г

■ Размягченное масло разотрите с сахарной пудрой. Добавьте взбитые желтки и перемешайте. Непрерывно взбивая, всыпьте в смесь миндаль, муку, цедру лимона и снова взбейте. Охладите в течение 1 часа.

■ Формочки наполните тестом и выпекайте пирожные при 200 °C до готовности.

■ Часть шоколада растопите на водяной бане и влейте в сливки. Перемешайте, дайте постоять.

■ Полейте пирожные приготовленным кремом. Оформите их цветком из шоколада, карамелью и звездочкой аниса.

• Время приготовления 50 минут плюс охлаждение •

КЕКС КОФЕЙНЫЙ

на 10 порций

для теста:
- мука пшеничная   1½ стакана
- разрыхлитель   1 ч. ложка
- масло сливочное или маргарин   185 г
- сахар   1 стакан
- яйца   3 шт.
- сметана   1 стакан
- йогурт   65 г
- орехи грецкие рубленые   50 г

для сиропа:
- кофе черный крепкий   1 стакан
- сахар   ½ стакана
- коньяк   2 ст. ложки

■ Масло взбейте с сахаром в пышную пену. Добавьте желтки, взбейте. Поочередно введите сметану, йогурт и орехи, всыпьте муку с разрыхлителем и быстро перемешайте.

■ Осторожно введите взбитые в устойчивую пену белки.

■ Выложите тесто в смазанную маслом и посыпанную мукой форму. Выпекайте 35—40 минут при 180 °C. Проверьте готовность деревянной палочкой. Выдержите кекс в форме около 5 минут, затем выложите из формы и охладите.

■ Кофе, сахар и коньяк смешайте и уварите до растворения сахара. Охладите.

■ Кекс проткните в нескольких местах деревянной палочкой и пропитайте сиропом. Оформите сливками и шоколадом.

• Время приготовления 1 час 30 минут

КЕКС ШОКОЛАДНЫЙ

на 6–8 порций
- мука пшеничная 2 стакана
- масло сливочное ½ стакана
- сахар 1½ стакана
- яйца 2 шт.
- шоколад горький растопленный 3 ст. ложки
- шоколад горький тертый ½ стакана
- дрожжи 1 ст. ложка
- молоко концентрированное 1 стакан

■ Масло взбейте с сахаром, постепенно добавляя яйца, часть тертого шоколада, молоко. Добавьте муку, смешанную с дрожжами. Перемешайте.

■ Форму смажьте маслом и вылейте в нее смесь. Выпекайте 40 минут при 240 °C.

■ Кекс нарежьте, положите на блюдо, сверху нанесите рисунок растопленным шоколадом, посыпьте тертым шоколадом.

Не забывайте просеивать муку

• Время приготовления 1 час 10 минут •

ТОРТ «ТРЮФЕЛЬ»

на 6 порций

для бисквита:
- мука пшеничная   6 ст. ложек
- сахарная пудра   6 ст. ложек
- яйца   6 шт.
- какао-порошок   3 ст. ложки
- фундук рубленый   120 г
- масло сливочное   ½ стакана

для начинки:
- сливки   1 стакан
- шоколад   300 г
- масло сливочное   4 ст. ложки

для пропитки:
- ром   ½ стакана
- сироп клубничный   ½ стакана

■ Для бисквита взбейте желтки с сахарной пудрой. Муку смешайте с какао-порошком, добавьте в желтки и перемешайте.

■ Часть орехов смешайте с растопленным маслом, взбитыми белками и соедините с тестом. Форму смажьте маслом, подпылите мукой, вылейте тесто и выпекайте до готовности. Остудите.

■ Для начинки сливки прогрейте с шоколадом, добавьте масло и взбейте.

■ Бисквит разрежьте на три коржа и пропитайте сиропом с ромом. Коржи уложите один на другой, прослоив частью начинки и посыпав орехами. Верх и бока торта также покройте начинкой. Оформите пластинками грильяжа и шоколадной стружкой.

● Время приготовления 50 минут

ТОРТ «ВОСТОРГ»

на 6 порций

для женуаза шоколадного:
- яйца 4 шт.
- сахарная пудра ½ стакана
- мука пшеничная ½ стакана
- какао-порошок 2 ст. ложки

для крема:
- сливки густые 1½ стакана
- сахарная пудра ½ стакана
- шоколад 180 г

для пропитки и смазывания:
- ром 3 ст. ложки
- масло сливочное 2 ст. ложки

- Время приготовления 1 час

■ Для женуаза яйца взбейте на водяной бане, добавляя сахарную пудру. Всыпьте муку, смешанную с какао-порошком, перемешайте. Форму смажьте маслом и посыпьте мукой, вылейте в нее тесто. Выпекайте 20 минут при 200 °C.

■ Женуаз разрежьте на два коржа и пропитайте ромом. Коржи уложите в форму для торта.

■ Для крема шоколад растопите, остудите, соедините со сливками, взбитыми с сахарной пудрой.

■ Коржи уложите один на другой, прослоив частью крема. Верх торта покройте оставшимся кремом. Охладите.

■ Выложите торт из формы, оформите пластинками, стружкой из шоколада и смородиной.

АЛФАВИТНЫЙ УКАЗАТЕЛЬ

А

Абрикосы с молоком 251
Авокадо с пикантным сыром 68
Апельсиновый творог 270
Апельсины по-мароккански 247
Ароматные куриные крылышки 101

Б

Баклажаны соте 146
Банановый салат 241
Бананы с меренгами 289
Баранина под острым соусом 190
Баранина с фасолью 205
Баранья нога,
    фаршированная сулугуни 195
Башня из сэндвичей 28
Биточки из пшена и риса 159
Бланманже 266
Блинчики с абрикосами 290
Блинчики с грибами 227
Блинчики
    с мясом и креветками 229
Блинчики с овощами 226
Блинчики
    с фруктами и мороженым 292
Блинчики, тающие во рту 293
Бозбаш из баранины 131
Болгарский пирог 294
Борщ 114
Брики с мясом и сыром 237
Брюссельская капуста
    по-милански 148
Буженина с соусом 80
Булочки с колбасками 93
Бульон с рыбными галушками 137
Бутерброд с копченой скумбрией 17
Бутербродный торт с окороком 23
Бутербродный торт с паштетом 22
Бутерброд-рулет с семгой 29
Бухлама с баклажанами 187

В

Вашрэн 276
Ветчина в сыре 87
Вишня в шоколаде 257
Воснапур 135

Г

Говядина по-бургундски 201
Горячая сельдь с гренками 26
Горячий бутерброд «Ассорти» 27
Грибная полянка 102
Грибной омлет 168
Грушевый салат с кремом 243
Груши с рисом 287
Груши «Ришелье» 281
Гусиная печень по-венгерски 209

Д

Двухцветное заливное
    с ветчиной 82
Десерт «Романтика» 273
Десерт из йогурта 260
Дыня в винном желе 265

Ж

Жареное мясо барашка 203
Жаркое из говядины 202
Желе «Золотая осень» 263
Желе кофейно-молочное 261
Желе с индейкой 97
Желе
    со сливами и мандаринами 262

З

Заварные булочки с грибами 231
Завитки из ветчины с бананами 84
Закуски на шпажках 112
Заливное из курицы 94
Заливное с цыплятами 96
Запеканка из макарон с грибами 166

Запеканка
　из творога, овощей и фруктов 170
Запеканка
　с печенью и грибами 212
Запеченные ананасы 286
Запеченные оливки 104
Зимний десерт 255
Зразы с грибами 188

К
Кабачки-по румынски 150
Кальмары по-дальневосточному 178
Кальмары фаршированные 175
Канапе «Люсиль» 25
Канапе с бужениной и ветчиной 24
Картофель,
　запеченный с соусом 154
Картофель фаршированный 152
Картофель,
　фаршированный мясом 157
Картофель,
　фаршированный сельдью 156
Картофельная запеканка
　по-монастырски 155
Каша рисовая с черносливом 162
Кекс кофейный 312
Кекс шоколадный 313
Кисель из абрикосов 258
Кисель шоколадный 259
Конде с бананами 253
Консоме по-германски 136
Корзиночки с грибами 19
Корзиночки с мороженым 272
Котлеты картофельные 145
Креветки
　с травами и фарфалле 180
Кулебяка с мясом и рисом 236
Курица под майонезом 98
Курица со спаржей 214

Л
Лобстер «Термидор» 182
Лягушачьи бедрышки в соусе 184

М
Манго с засахаренной цедрой 250
Медальончики из ветчины 86
Мидии с майонезом 78

Морковно-абрикосовое желе 264
Мороженое «Наполеон» 275
Мороженое «Натали» 274
Мороженое по-гречески 278
Мороженое
　с абрикосовым соусом 279
Мужужа из свинины 186
Мусс апельсиновый 268
Мусс малиновый 267
Мясное суфле 88
Мясные острые оладьи 208
Мясо по-испански 204
Мясо с имбирем 185

О
Огурцы с грибной начинкой 71
Окорочка куриные
　фаршированные 220
Окорочка фаршированные 222
Окрошка майская 141
Ореховый пирог 298
Осетрина по-императорски 77
Осьминоги с лимоном 179

П
Парфе ягодное 271
Персики в реневом соусе 252
Персики с тоффи из миндаля 288
Персики фаршированные 99
Персиковый десерт 254
Пестрый весенний салат 35
Печеный молодой картофель 106
Печень в остром соусе 211
Печенье «Нежность» 303
Печенье кокосовое 304
Печенье лимонное 300
Печенье медовое 305
Печенье рассыпчатое к кофе 301
Печенье с орехами 302
Пикантные огурчики 73
Пирог по-гречески 299
Пирог с брокколи 234
Пирог с вишней 296
Пирог с грибами 232
Пирог с курицей 239
Пирожки с печенью 240
Пирожки с помидорами 236
Пирожное в шоколаде 311

Пицца с грибами 230
Пицца с куриной печенью 238
Пицца с цветной капустой 233
Плов из кальмаров 164
Плов с курицей и свининой 165
«Плотики» из перца 69
Полосатый бутерброд 21
Помидоры с рыбой 151
Помидоры с сыром 111
Помидоры фаршированные 70
Профитроли
   с шоколадным кремом 310
Пряный пирог 297

Р

Раки, тушенные в вине 181
Рассольник 117
Ребрышки пикантные 191
Рис изысканный 280
Рис пестрый 158
Рис с белыми грибами 160
Рисовая каша с орехами 163
Рисовый суп с овощами 128
Рулет деликатесный 91
Рулет из курицы или индейки 83
Рулет из свинины со шпиком 89
Рулет мясной с перцем 81
Рулет мясной с рисом 189
Рулетики из баклажанов 72
Рулетики из индейки с сыром 218
Рулетики из лосося 75
Рулетики из лосося с сыром 74
Рулетики из окорока 90
Рулетики из салата с сыром 103
Рулетики с сыром 85
Рулеты в персиковом соусе 217
Рыба, запеченная с беконом 176
Рыба на овощной подушке 167
Рыба с оливками 177
Рыба, тушенная с овощами 172

С

Салат «Американка» 62
Салат «Аргентинское танго» 56
Салат «Гранатовый браслет» 64
Салат «Деликатесный» 30
Салат «Лето» 38
Салат «Матадор» 61

Салат «Нежность» 66
Салат «Оригинальный» 65
Салат «Пестрый» 42
Салат грибной с мясом 47
Салат грибной с печенью 59
Салат из баклажанов
   с помидорами 39
Салат из кальмаров 54
Салат из картофеля 43
Салат из копченой рыбы
   с овощами 55
Салат из маринованного перца 36
Салат из морепродуктов 52
Салат из морской капусты 44
Салат из редиса с огурцами 34
Салат из свеклы с орехами 37
Салат из сухофруктов 242
Салат из тыквы 32
Салат из тыквы с яблоками 33
Салат из шампиньонов в вине 45
Салат картофельный с орехами 40
Салат картофельный с сельдью 41
Салат пестрый с грибами 31
Салат по-мексикански 63
Салат рисовый с курицей 57
Салат рыбный с соусом 50
Салат с абрикосами 244
Салат с килькой 53
Салат с медальонами из ветчины 58
Салат с подосиновиками и рисом 49
Салат с рыбой и крабами 51
Салат с рыжиками и кальмарами 46
Салат с сыром и орехами 67
Салат со свининой 60
Салат-коктейль с шампиньонами 48
Самбук фруктовый 269
Свинина под пикантным соусом 192
Свинина с соусом из авокадо 193
Свинина с соусом из перца 207
Свинина с соусом из смородины 206
Свиные розеты с грибами 197
Сливы в вине 249
Соленые картофельные палочки 107
Солянка 118
Солянка овощная на сковороде 149
Соте из курицы с грибами 213
Спанакопитта с брынзой 235
Суп абрикосовый с яблоками 144

Суп гороховый с сосисками 140
Суп «Минестра» 119
Суп из цитрусовых 143
Суп калорийный 123
Суп картофельный с грибами 120
Суп картофельный с кукурузой 122
Суп картофельный с лососем 124
Суп овощной с креветками 127
Суп с болгарским перцем 125
Суп с зеленым горошком 126
Суп с клюквой 142
Суп с рыбными фрикадельками 121
Суп-лапша 132
Суп-пюре из креветок 134
Суп-пюре из печени 135
Суп-пюре из цветной капусты 139
Суп-харчо из осетрины
   с орехами 129
Сыр из птицы 100
Сырное рагу с рисом 161
Сэндвич с рыбой 20

Т
Тальятелле с соусом из лангустов 183
Тарталетки
   с креветочным салатом 79
Тарталетки с сыром и беконом 92
Телятина в вине 196
Телятина с рисом и бананами 198
Тефтели пикантные 108
Торт «Восторг» 315
Торт «Трюфель» 314
Торт из блинчиков с грибами 169
Треска в вине и сметане 173
Треска с тертым картофелем 174
Трубочки с рыбным фаршем 228

У
Утка с черносливом и морковью 223

Ф
Фаршированное филе курицы 221
Фаршированный перец-рататуй 153
Филе говядины в вине 200
Филе утки с орехами 219
Форшмак с сыром 171
Фруктово-овощной салат 246
Фруктовый салат в ананасе 245
Фруктовый салат со сливками 248
Фрукты в шоколаде 256

Х
Харчо из говядины 132
Хворост с творогом 306
Холодный суп из щавеля 138
Хрустящее печенье с кунжутом 307
Хрустящие бутерброды
   с лисичками 18
Хрустящие мясные шарики 109

Ц
Цыпленок в желе 95
Цыпленок в тесте 224
Цыпленок по-мексикански 216
Цыпленок по-охотничьи 215
Цыплята с маринадом 225

Ч
Чернослив «Жемчужина» 282

Ш
Шарлотка «Каприз» 277
Шарлотка из блинчиков 291
Шашлык из баранины
   с баклажанами 194
Шашлычки с копченой рыбой 76
Шницель из печеного перца 147
Шоколадная шарлотка 284
Шоколадно-банановый десерт 309
Шоколадные бабочки 285
Шоколадные шарики 308

Щ
Щи кислые с грибами 116
Щи ленивые 113
Щи с рыбой 115

Э
Эскалопы с грибами 189

Я
Яблоки с орехами 283
Яблочный пирог 295
Язык под яблочным соусом 210
Яичные рулеты 105
Яйца фаршированные 110

УДК 641.55 (083)
ББК 36.997
   Л87

3-е издание
Издание для досуга

Лучшие рецепты

Дизайн серии – В. А. Кугаевский
Художник Е. М. Суздальцева

Блюда приготовлены в кулинарной студии издательства «Аркаим»
Иллюстрации – фотостудия издательства «Аркаим»
Дизайн обложки – В. В. Чемякина
Фотограф К. А. Шевчик
Стилист Е. Б. Брюхина

Рецепты и фотографии блюд – на сайте www.millionmenu.ru

Подписано в печать 23.06.08. Формат 60х100/16
Усл. печ. л. 22,2. Заказ № С082

ООО «Издательский дом «Аркаим», 454091, г. Челябинск, ул. Постышева, 2

Отпечатано в Китае

По вопросам приобретения литературы обращайтесь:

Торговый дом «Аркаим»
Москва, 105066, ул. Нижняя Красносельская, 35, стр. 9
тел/факс (495) 589-23-30
e-mail: sales@arkaim.biz

Челябинск, 454091, ул. Постышева, 2
тел. (351) 265-87-01, 265-86-97, 265-86-98, доб. 229
e-mail: belyaev@arkaim.biz

Отдел рекламы, корпоративных продаж и прав:
e-mail: sales@arkaim.biz

Полная информация на сайтах:
www.arkaim.biz   www.millionmenu.ru

Фотобанк – foto.millionmenu.ru
e-mail: foto@millionmenu.ru
тел. (351) 265-87-01, 265-86-97, 265-86-98, доб. 220

Наши официальные партнеры
Новосибирск, «Топ-книга», тел. (383) 336-10-28
Челябинск, «ИнтерСервис», тел. (351) 247-74-01, 247-74-02
Киев, «АСТ-Пресс-Дик-Си», тел. (1038044) 490-35-78
Москва, «Амадеос», тел. (495) 670-04-68
Москва, «Лабиринт», тел. (495) 231-46-79
Книжный клуб «36,6», тел. (495) 540-45-44
Книжный клуб «36,6», тел. (495) 540-45-44

Заказ книг через интернет
Москва, интернет-магазин: KnigaNaDom.ru
тел. (499) 502-88-48
e-mail: ydenisov@trodex.ru   www.kniganadom.ru

Генеральный поставщик бумаги «Русбумторг»
Москва, тел. (495) 933-12-60, 933-12-61, 933-12-62

© ООО «Издательский дом «Аркаим», 2007, 2008
© ООО «Издательство «Аркаим», 2007, 2008

ISBN 978-5-8029-2316-0